北京种业企业并购整合风险管理研究

侯军岐　朱　雨　等　著

中国农业出版社

北　京

前　　言

一粒种子可以改变一个世界。

长期来看，农业问题的根本解决，最终还需要靠种子本身。种子是农业的"芯片"，是农业生产资料的最基本、最核心的要素，构成各项农业技术和农业生产资料综合发挥作用的载体，对促进农业长期稳定发展和保障国家粮食安全至关重要。2022 年 3 月，习近平总书记在看望参加全国政协十三届五次会议的农业界、社会福利和社会保障界委员时，强调种源安全关系到国家安全，必须下决心把我国种业搞上去，实现种业科技自立自强、种源自主可控。同年 4 月，习近平总书记在海南省三亚市考察崖州湾种子实验室时再次强调，只有用自己的手攥紧中国种子，才能端稳中国饭碗，才能实现粮食安全。

种子产业简称种业，种业包括育种、制种以及种子的推广销售等，处于农业产业链的源头，种业主体是由生产相同或相近种子产品的企业组成。与欧美等发达国家相比，经过追赶之后的我国种业大约落后十年。缺乏具有强大竞争力、拥有自己的专有品种、相对完善的质量保证体系与分销渠道的种业龙头企业，是制约我国种业发展的最重要短板之一。并购整合是种业企业发展的必由之路。种业企业并购整合的基本逻辑就是通过并购整合寻求协同效应。通俗地讲，协同就是"搭便车"。

当前，我国种业正处在一个"战略发展的转折期"，处在全新的复杂多变的竞争市场当中，种业管理者必须审时度势，制定和调整自己的发展战略。发展种业符合北京发展高端产业的定位，北京种业也进入了高质量发展新阶段，从前期建设"种业之都"，建设"种子硅谷"，到最近发展"高精尖"种业产业定位，将种业科技创新作为北京国际科技创新中心建设的重要内容，加强种业重大基础研究与关键核心技术创新，这些做法足以看出北京种业在国家发展中的特殊地位。

《北京现代种业发展三年行动计划（2020—2022 年）》以及《北京市种子条例》颁布，确定以"立足北京、协同津冀、辐射全国"为发展思路，充分利用全市科技、人才、信息、市场、金融等富集优势，建设种业科技创新引领者、现代农业产业增长点、种业资源要素聚集地和行业监管服务样板区，努力打造全国现代种业发展高地，表明北京种业已进入了高质量发展新阶段。

种业企业并购整合作为一项风险较高的资本经营活动，其整合风险有其独特的生成机理，并伴随整个种业企业并购整合过程。北京种业企业并购整合风险生成机理可以从以下四个方面来分解：

（1）并购方购买的一项业务是否符合企业发展战略目标，是否与自身战略相匹配，业务是否有互补性，并购能否产生协同效应。否则，并购后若产生了内耗，公司的价值将会随之衰竭。

（2）可能存在对目标企业或其他标的物了解不够、信息不对称，导致对收购标的物支付额外的财务费用，加大企业并购资金负担。

（3）由于管理团队缺乏并购整合经验，加之忽视政策、沟通和企业文化等无形因素，可能会导致并购整合过程中发生碰撞、摩擦和争议。

（4）由于对种业企业并购整合技术方案设计不周，造成并购后在战略整合、业务整合、市场整合、组织整合、财务整合等方面的困难，使其难以实现整合战略目标。上述潜在的风险因素随着并购整合过程的深入而逐步强化，并购风险也会逐步生成并凸显出来。

北京种业企业并购整合风险的来源主要包括：

（1）科技含量高，创新性强。种业企业中新种子的培育工作，往往具有很高的科技含量，正是由于其拥有很高的创新性，使种子培育工作有很大的附加值。种业企业在新品种的培育过程中，不但要考虑种子培育本身的技术难度，还需要对其辅助生产技术进行衡量，过多的不确定性，造成了种业企业研发项目的高风险性。

（2）商业化存在较大的不确定性。为了将优质产品推向市场，获取高额利润，种业企业会投入大量资源开展研发和生产活动，而市场商业化过程的失败则意味着所有的努力和投入都打了水漂。在种业企业推广产品的过程中，与市场相关的风险主要包括：市场需求的不确定性，市场容量的不确定性，营销活动是否有效的不确定性和市场竞争的风险性。

（3）资金需求量大。种业企业资金需求持续性强，频率较高。比如科研资金投入在育种生命周期中往往呈几何级数增长。如果多个阶段的资金压力不断积压，可能为企业发生财务问题埋下隐患，种业企业的这种资金需求特征大大增大了企业的财务风险。

（4）无形资产地位突出。种业企业主要以开展新品种的研发以及利用新品种代替传统品种等活动为主，活动成果主要为无形资产。无形资产通常以植物品种权的形式存在，且在种业企业总资产中的占比较大，若企业发生财务危机，无形资产可能迅速贬值，进一步导致企业偿债能力降低，扩大企业财务风险。

北京种业企业有各自的优劣之处，在企业财务风险管理和技术风险管理方面，中国种子集团做得最好；在风险管理方面，北京奥瑞金种业公司有很大优势；而北京德农种业公司则更注重外部环境对企业风险的影响作用。北京种业企业并购整合风险因素之间是一个多级递进系统，影响北京种业企业并购整合最直接风险因素是：政策变动风险和财务协同效应风险；中间层风险因素是并购战略规划不完善风险和国家干预风险。由于多元企业文化包容度和技术不适等风险因素均在整合期，与我国当前种业企业并购整合表现较为一致，因此，在北京种业企业并购整合过程中，应多注重整合期风险因素的识别与防范。北京种业企业并购整合风险因素中影响较大的一级指标是整合期的技术及文化整合风险，以及并购期的法律风险及财务风险；影响较大的二级指标分别为技术应用风险、技术不适风险、核心人员离职风险、技术转移风险、财务协同效应风险、目标企业选择风险、多元文化包容度等。从并购企业风险视角可以得出，北京种业企业并购整合过程中，并购前期风险略低、并购期风险适中、整合期的风险最高。

风险控制是保障北京种业企业并购整合顺利实施的关键。根据风险发生时间，将风险控制目标划分为风险发生前及发生后两个阶段。北京种业企业并购整合风险应沿着风险诊断识别、风险互动控制、内部控制、风险价值认同控制、风险规则控制和基于优化并购整合方案的基础控制的思路进行。北京种业企业并购整合风险控制措施具体应包含并购前期风险控制措施、并购期风险控制措施和整合期风险控制措施。并购前期的风险控制重点是政策风险及战略风险，企业可以通过种业行业研究、充分了解并购目标企业、完善种业企业并购战略规划、优化并购整合方案等措施来进行处理；并购期风险控制措施主要是通过组建种业企业并购整合项目团队，科学评估目标企业的综合能力等方式实现目标企业选择和风险评估，来降低并购风险；整合期风险控制重点是技术及文化整合风险，企业可以通过建立技术交流平台、进行技术不适风险的前期调研、建立以信息化为基础的价值认同系统等方式，提高整合成功率，降低并购整合整体风险。

本书整体框架由侯军岐提出，最终书稿由侯军岐、朱雨修改定稿。具体分工为：第一章，导论，侯军岐；第二章，并购整合理论与种业企业并购整合风险管理特点，祝静、侯军岐；第三章，北京种业发展现状、优势劣势及存在问题，吴鼎文、侯军岐；第四章，北京种业企业经营风险评价，郑会艳、何歆媛、朱雨；第五章，北京种业企业并购整合风险因素识别，郑会艳、何歆媛、朱雨；第六章，北京种业企业并购整合风险评价，郑会艳、何歆媛、朱雨；第七章，北京种业企业并购整合风险控制，王慧玉、侯军岐；第八章，我国转基因作物产业化风险管理，侯军岐、朱雨。

在研究过程中，我们参阅了大量的相关文献，吸收、借鉴了很多研究成果，尽管我们力图标明所有被引用者的出处，但可能还有所遗漏。在此，对在本书中引用到并注明出处的专家、学者表示深深的谢意！对于那些没有注明的学者、专家，深表歉意，一并表示衷心感谢！

由于种业企业并购整合风险管理涉及多个领域，加之我们的知识和实践经验有限，书中的错误和疏漏一定在所难免，希望广大读者惠予指正，并提供宝贵意见，以便今后改进。

目　　录

第一章 导　　论

种子是农业的"芯片"，是农业生产资料的最基本、最核心的要素。种业是由生产相同或相近种子产品的企业组成，种业企业是种业发展的主体，是种业的组成细胞。缺乏具有强大竞争力的龙头企业，缺乏拥有自己的专有品种，未能建立相对完善的质量保证体系与分销渠道，这些是制约我国种业发展的短板。种业企业并购整合是种业发展的必由之路。本章系统介绍了本研究的研究背景和研究意义，尤其是北京开展种源"卡脖子"技术攻关，立志打一场种业翻身仗的新环境；介绍了研究思路与研究方法；总结了研究特点和可能的创新点。

第一节　研究背景与研究意义

一、研究背景

一粒种子可以改变一个世界。

长期来看，农业问题的根本解决，最终还需要靠种子本身。种子是农业的"芯片"，是农业生产资料的最基本、最核心的要素，构成各项农业技术和农业生产资料综合发挥作用的载体，对促进农业长期稳定发展和保障国家粮食安全至关重要。2022年3月，习近平总书记在看望参加全国政协十三届五次会议的农业界、社会福利和社会保障界委员时，强调种源安全关系到国家安全，必须下决心把我国种业搞上去，实现种业科技自立自强、种源自主可控。同年4月，习近平总书记在海南省三亚市考察崖州湾种子实验室时再次强调，只有用自己的手攥紧中国种子，才能端稳中国饭碗，才能实现粮食安全。

种子产业简称种业，种业主体是由生产相同或相近种子产品的企业组成。目前，我国是全球第二大种业市场，规模达1 200多亿元。"十三五"期间，我国种业企业实力不断增强，企业数量由4 516家增长到7 372家，持证种业企业约 6 400 家。种子企业结构持续优化，中小种业企业开始向育种、制繁种、销售等专业化分工发展。2021 年全国粮食总产量达 13 657 亿斤①，再创历史新高，比 2020 年增加 267 亿斤，同比增长 2%。全年粮食产量连续 7 年保持在 1.3 万亿斤以上。我国粮食产量多年长期增长很大程度上得益于种业发展和种子贡献。针对种子工作和种业发展，2022 年中央 1 号文件明确指出，要大力推进种源等农业关键核心技术攻关，全面实施种业振兴行动方案。

与欧美等发达国家相比，经过追赶之后的我国种业大约落后十年。整个种业发展表现为"多、小、散、乱"特点，主要体现在：

（1）缺乏具有强大竞争力的龙头企业，很难拥有自己的专有品种和建立相对完善的质量保证体系与分销渠道。目前，我国 6 400 家持证种业企业，82% 为销售企业，同质化严重、行业集中度低。前十强仅占国内市场份额的 15.8%。隆平高科近年来经过快速整合发展步入全球前十，但仅占全球份额的 1% 左右。目前，全球种子市场正在被拜耳和科迪华等跨国公司所垄断，这些跨国公司占据全球 50% 的市场份额和大部分核心专利技术，对我国种质资源、种业发展和国家粮食安全构成了严重威胁。

（2）从育种水平看，水稻、小麦两大口粮及一些特有品种在育种技术上有优势，但商业育种能力弱，缺少核心品种。同时，分子育种、转基因育种等前沿定向育种技术自主创新能力弱、系统性应用不足，与发达国家在基础研究和育种应用方面存在较大差距。目前，全国具备育繁推一体化能力的企业不足百家，拥有育种研发能力的不足 1.5%。大豆、玉米的单产水平只有美国的 60%，我国 2020 年大豆进口超过 1 亿吨。

（3）从种源基础看，我国作物种质资源超过 51 万份，居全球第二位，但种质资源保护利用不够，通过精准鉴定，应用于育种的不足 10%，资源优势尚未有效转化为产业优势。

（4）从产业结构来看，我国种业产业链研发、生产、推广和销售实施主体不同，条块分割的格局难以促进产业链良性循环。科技和管理创新亟须同步推进，形成现代种业产业链。

---

① 斤为非法定计量单位，1 斤＝500 克，下同。

（5）从市场环境看，市场惯性套牌等侵权行为制约了种业的健康发展。种子研发投入大、见效慢、风险高、周期长，这种负外部性无法通过市场行为自行解决。热门品种、新审定品种的生命周期被迫缩短，同质化产品充斥市场。

北京种业从前期建设"种业之都"，建设"种子硅谷"的区位定位，到2022年《北京市种子条例》获得通过，明确了北京种业的"高精尖"产业定位，规定将种业科技创新作为北京国际科技创新中心建设的重要内容，加强种业重大基础研究与关键核心技术创新，这些做法足以看出北京种业在国家发展中的特殊地位与重要意义。

近几年，为落实习近平总书记关于"要下决心把民族种业搞上去"重要指示精神和国务院对北京市建设"种子硅谷"的要求，农业农村部、科技部、北京市人民政府按照国务院对种业改革发展的一系列部署，认真落实《中共中央、国务院关于抓好"三农"领域重点工作确保如期实现全面小康的意见》和2020年12月中央经济工作会议精神，保障粮食安全，关键在于落实藏粮于地、藏粮于技战略。要加强种质资源保护和利用，加强种子库建设。要尊重科学、严格监管，有序推进生物育种产业化应用，开展种源"卡脖子"技术攻关，立志打一场种业翻身仗。

（一）打造全国农业"芯片"发展高地

2020年北京市出台《北京现代种业发展三年行动计划（2020—2022年）》（以下简称《三年计划》）。《三年计划》以"立足北京、协同津冀、辐射全国"为发展思路，充分利用全市科技、人才、信息、市场、金融等优势，建设种业科技创新引领者、现代农业产业增长点、种业资源要素聚集地和行业监管服务样板区，努力打造全国现代种业发展高地。

《三年计划》围绕农作物、畜禽、水产、林果四大种业领域，聚焦产业体量大、带动力强且具备竞争优势的战略物种和具有本土特点、区域优势的地方物种。重点推进甘蓝等蔬菜、特色玉米、节水小麦、马铃薯、蛋鸡、生猪、奶牛、北京鸭、鲜鱼等冷水鱼、宫廷金鱼等观赏鱼、桃、乡土树种等12大物种产业创新高质量发展，培育具有竞争力的优良品种、优质企业和优秀品牌。到2022年实现北京现代种业的创新链、产业链、价值链和服务链协同发展能力大幅提升、现代种业建设成效突出。

《三年计划》明确了北京现代种业"三个一"的发展目标。即形成一批具有影响力的种业基础研究和核心关键技术成果，实现以基因组编辑技术为代表的育种技术创新突破；选育推广一批优良品种，即选育推广20个以上在全国具有较强影响力和较大市场占有率的绿色优质多抗高效品种；培养一批在全国有影响力的现代种业企业，农作物、畜禽、水产、林果种业总销售额达到180亿元以上，带动京郊种植农户增收10%。

（二）搭建种业成果平台，推动种业成果有效转化

在新的发展形势下，北京市提出发挥创新优势再出发、再定位，进一步提升北京种业自主创新能力，瞄准国家粮食安全和重要农产品有效供给，攻关提升玉米、生猪、奶牛等战略种源竞争力。

2020年7月通州区成功举办中国北京鲜食玉米大会暨北京鲜食玉米节，采用线上线下、多元化、多渠道办会模式，累计观看量超过300万人次。2020年8月丰台区举办了第二十八届北京种业大会座谈会，全面谋划了2021年北京种业大会的定位、目标和办会模式。2020年10月，通州区举办了首届中国玉米种业暨产业链大会，开展了玉米产业链高峰论坛等活动。

北京市通过探索举办"1＋N"系列种业大会，打造集新品种展示、成果推广、贸易谈判、产业交流于一体的综合性种业盛会，搭建北京种业交易交流服务平台，彰显北京在全国种业行业的示范窗口作用。

（三）种业科研体制改革有新进展，成立国家（北京）种业智库

新修订的《中华人民共和国种子法》（以下简称《种子法》）集中体现了鼓励创新发展，深化种业体制改革；推进简政放权，充分发挥市场的决定性作用；强化主体责任，切实保护农民合法权益的立法指导思想。同时，对种业发展顶层制度和法律体系进行了全面的修订完善，为推进依法制种、建设种业强国奠定了法律制度基础。北京种业先后在实现事企脱钩、公益性科研与商业性科研分离、科研机构与科研人员权益分配改革、科技成果确权和公开交易等方面取得显著成效。由北京市牵头，京津冀三地在种业科技创新、交流交易、品种测试、品种审定、联合执法等方面开展深度合作，建立了京津冀种业协同发展机制，取得了良好的成效，为在北京建设国家现代种业自主创新试验示范区奠定了坚实基础。

2020年10月21日国家（北京）种业智库在北京成立。国家（北京）

种业智库是农业农村部种业管理司支持北京市做好首都种业《三年计划》，发挥首都科研资源、高层次人才和创新型企业的资源聚集优势和引领性作用，服务现代种业的先行先试之举，由国科现代农业产业科技创新研究院（国科农研院）联合北京市通州区国际种业科技园区等单位承建。

种业智库本着立足北京，面向全国，聚焦粮食作物、畜禽和水产等领域的种业发展关键问题，以产业发展为导向，开展政策研究、行业交流、国际合作等工作，致力于成为促进行业创新发展，协助顶层政策设计优化，汇聚国际国内种业优势资源，促进全球合作交流的重要策源地；致力于成为具备提出最优整体解决方案，最具开放性代表性的一个行业性市场化产业化平台。

（四）开展小麦良种更新工程，促进了"中国种"的发展

"十三五"期间，北京种业在超级稻、紧凑型玉米、优质小麦、转基因抗虫棉等方面育种成果突出，突破性品种相继涌现，新推出一批面积超千万亩①的品种和适宜机收的新品种，国产品种主导地位进一步巩固，遏制了部分国外品种快速增长势头，做到了"中国粮"主要用"中国种"。北京市科技资源丰富、人才密集、科研实力雄厚，创制了世界首个水稻全基因组芯片和首张马铃薯、西瓜全基因组测序图谱，获得了全国近40%的转基因育种专利，自育玉米、蔬菜等新品种推广面积占全国的比重达到30%以上，为农业增产增效、提质增收发挥了重要作用。

2020年北京市开展冬小麦良种更新工程。全市冬小麦良种更新面积18.08万亩，包括房山、通州、顺义、昌平、大兴、怀柔、平谷、密云等8个涉农区，补贴品种12个，累计供种350.28万千克，补贴资金2 160.75万元。此次冬小麦良种更新工作补贴品种包括高产稳产、节水优质等类型，其中航麦247、京花12号、中麦1062、中麦123、农大5133等近五年审定的优新品种种植面积为11.58万亩，占全部补贴面积的64.1%。

（五）培育、扶持种业企业，竞争力进一步增强

2020年底，北京市持证种子生产经营企业303家，较2019年增加38家，其中部级发证企业6家，省级发证企业4家，区级发证企业28家。目前。按发证机关分，部级发证企业35家，其中外资企业10家、进出口

---

① 亩为非法定计量单位，1亩≈667平方米，下同。

企业 24 家，转基因棉花种子企业 1 家；省级发证企业 41 家，其中育繁推一体化企业 13 家，"两杂"种子企业 26 家、蔬菜种子企业 2 家；区发证企业 227 家。企业总资产从 2011 年的 103.64 亿元，增加到 2020 年的 185 亿元，增长 78.5%。

在 2020 年的 303 家种子企业中，销售前 5 强的企业种子销售额达到 30 亿元，占全市总销售额的 52%；销售前 10 强的企业种子销售额达到 38.64 亿元，占全市总销售额的 66%。国际种业前十强均在北京设立了研发中心或合资企业。

（六）紧跟时代发展，开启"互联网种业""大数据种业"

随着"互联网＋"的兴起，北京许多有影响力的种业企业及农资电商密集上线，创造了"互联网＋种业"电商新模式。2014 年 9 月 15 日"爱种网"正式成立，8 月正式上线运营；10 月，京东集团与北京多家种业企业签订战略合作协议。除此之外，2015 年 3 月，联想控股战略投资云农场，力图将云农场打造成网上农资商城平台。8 月 26 日，阿哥汇与航天神舟生物科技集团签订玉米购销框架协议，从选种、指导到销售全方位服务农民……一批线上种子销售平台集中发力，搭上"互联网＋种业"的快车。北京市积极为优势种业与电商平台的共同发展牵线搭桥，组织了京东集团与北京种企战略合作签约仪式。北京种业借助"互联网＋"快速促进产业发展的机遇，创新种业营销、种业服务新模式，激发种业活力，优化种业结构。

（七）以种业立法为契机，完成种业执法体系改革

2020 年 9 月 25 日，按照《北京市深化综合行政执法改革实施方案》要求，北京市农业综合执法总队正式挂牌成立。北京市农业综合执法总队为市委农工委、市农业农村局管理的正处级行政执法机构。改革后，北京市农业综合执法总队以市农业农村局名义执法，集中行使法律法规、规章规定应由省级农业农村主管部门行使的行政处罚权以及与之相关的行政检查、行政强制权；负责相关领域重大疑难复杂案件和跨区域案件的查处工作；承担东城区、西城区、石景山区除兽医兽药以外的农业执法工作；负责监督、指导、组织、协调各区农业综合执法工作。

2022 年 1 月 10 日，《北京市种子条例》在北京市十五届人大五次会议

上获得表决通过。时隔 21 年，北京市也有了一部聚焦种子的地方性法规，让素有"农业芯片"之称的种子发展有了专门的法律护航。至此，北京种业将以立法为契机，为北京种业持续发展，继而带动我国种业发展。

二、研究意义

产业是由生产相同或相近产品的企业组成。种业的发展就是与种子生产相关企业的发展。从世界种业发展历程看，种业企业并购整合是种业发展的必由之路。与依靠企业内部资本积累发展相比较，企业并购整合具有更强的推动力。种业企业并购整合的最终目标是实现育繁推一体化，即以育种研究为先导，以品种为基础，拥有自己研制的、又符合市场需要的新品种。种业并购整合是一个系统工程，涉及并购整合前如目标企业、研究机构或作物品种等"标的物"的发现、选择和评估，也涉及对"标的物"的实际并购及其并购后的业务并购整合、市场整合、组织整合、资源整合、财务整合及其风险评估等。

近三十年来，全球种业发展历经三次并购浪潮。第一次并购是在 1997 年前后，受抗虫、抗病和抗除草剂功能的转基因生物技术应用需求推动，以孟山都为典型代表的企业大规模并购种企。第二次并购是 2004—2008 年，农化集团横向并购具有较强生物技术能力的种业公司，形成孟山都、杜邦、拜耳、陶氏、巴斯夫等跨国农化和种业集团。第三次并购是 2016—2019 年，农业集团间出现超级并购，拜耳并购孟山都、中国化工并购先正达，杜邦与陶氏合并分离出科迪华，这一系列金额 2 000 亿美元以上的并购使全球种业集团垄断格局形成。目前，拜耳、科迪华分别占据全球种业市场份额的 29%、21%。

三次并购浪潮奠定了目前全球种业的基本格局，也给我国种业发展带来了一些启示。

一是全球种企的垄断格局已经形成。生物技术和资本力量推动全球种业进入寡头垄断时代，农药、化肥和种业等跨行业的兼并重组推动全球种业呈现集中化、多元化和国际化的发展格局。美国前三家种业企业 2019 年在美国国内的市场占有率合计超过 70%，而我国前十家种企种子销售额在国内占比仅为 16.83%。

二是垄断企业研发投入长期领先。联合国粮农组织研究表明，未来粮食增产80%依赖单产水平的提高，而单产增加的60%～80%来源于良种的科技进步。以转基因技术为代表的生物育种推动了美国乃至全球农作物产量成倍增长。如拜耳2019年研发支出53.42亿欧元，占销售额的比重为12.3%，因超前布局转基因技术，拥有了全球90%转基因种子专利权，其2/3的销售收入来自基因专利。而2019年我国A股前三家种企研发投入分别为隆平高科4.12亿元、登海种业0.8亿元、丰乐种业0.57亿元，共计5.49亿元，仅为拜耳的1%。

三是种业产业链呈现一体化格局。育种是产业链的前端和核心。前三大种业集团的形成路径，均是制药或化工背景的公司通过并购拥有生物技术研发能力或有关键性状专利保护权的种业企业，推动现代种业产业链的一体化格局，实现了农业生产要素在产业链上下游的融通。

孟山都先后进行了约300次并购，实现了种业公司间资源、技术和渠道的持续整合。全球前20家种业公司均是集研究、开发、生产、加工、销售等环节于一体的大型公司，经营模式和业务范围实现多元化。

未来种业的竞争，是种子、农药和数字农业体系的综合竞争。

种业企业并购整合的方式主要包括企业横向并购整合、纵向并购整合和混合并购整合。种业企业并购整合的基本逻辑就是通过整合寻求协同效应。种业的发展历史实际上就是一部种业企业并购整合史，种业企业并购整合是一个系统工程。种业属于技术密集型、资金密集型行业，居于农业产业链的上游，其产业链从新种子的培育开始，通过实验、繁育、推广等环节，最后到农户采用，具有环节多、周期长、涉及要素复杂等特点。种业企业的价值链是在选种、育种、生产、加工、包装、销售及其服务等环节基础上提炼与发展起来的，由于诸多环节具有开发管理难度大、投资数额多、周期长等特点，使种业企业并购整合成功率低、风险大，阻碍了种业企业并购整合的有效进行。Robert Borges（2001）曾指出，大多数企业并购行为对股东价值的破坏多于创造。在企业并购整合过程中，20%的失败案例出现在并购的前期交易阶段，80%的失败案例直接或间接地发生在企业并购的后期管理阶段。有效控制企业整合风险可以大大提高企业并购的成功率。因此，研究北京种业企业并购整合风险来源、形成机理、影响因素及其管理措施，对于有效应对与控制北京乃至全国种业企业并购整合过程中出现的风险，提高种业企业并购整合效率和成功率，最终促进种业企业并购整合，促进北京种业发展，从而实现带动我国种业发展，具有重要理论价值与实际意义。

第二节　研究思路与研究方法

一、研究思路与研究内容

本研究思路按照"理论分析—发现问题—分析问题—解决问题"的架构展开。首先，在梳理相关研究的基础上，遵循企业并购整合理论、企业并购整合风险管理理论，分析北京种业优势劣势及存在问题，研究北京种业企业存在的风险及影响因素，以此为基础，对北京种业企业并购整合风险因素进行识别和评价，针对性地提出北京种业企业并购整合风险管理措施的思路、对策建议。整个研究可分为七大部分，即第一章，导论。简述研究背景与研究意义，研究思路与研究方法，研究特点与主要贡献。第二章，并购整合理论与种业企业并购整合风险管理特点。阐述企业并购整合及其分类、企业并购整合理论、企业核心竞争力理论以及种业企业并购整合风险管理特点。第三章，北京种业发展现状、优势劣势及存在问题。对新时代、新背景下北京种业发展现状、优势劣势、发展思路及存在问题进行系统分析。第四章，北京种业企业经营风险评价。结合北京种业企业案例，对北京种业企业一般经营风险进行系统综合评价。第五章，北京种业企业并购整合风险因素识别。通过访谈收集资料，建立模型对影响北京种业企业并购整合风险因素进行量化识别。第六章，北京种业企业并购整合风险评价。分并购前期、并购期、整合期三个阶段，对北京种业企业并购整合风险进行评价。第七章，北京种业企业并购整合风险控制。依据前期分析，分层次、分阶段、分主体提出北京种业企业并购整合风险管理思路、措施。第八章，我国转基因作物产业化风险管理研究。对我国转基因作物产业化、存在风险以及应对管理进行了探讨。

二、研究方法

在研究过程中，本研究主要采取以下研究方法：

（1）规范分析与实证分析相结合。规范分析以一定的价值判断为基础，回答"应该是什么"的问题。实证分析排斥价值判断，只研究经济变量之间的关系，探讨经济运行的内在规律，进而分析和预测经济行为后果，回答"是什么"的问题。本研究在规范分析的基础上对研究对象加以实证分析，实现实证分析和规范分析的结合。

（2）定性分析与定量分析相结合。定性分析法考虑问题全面，能够把握事物发展的主导方向，但也易受主观因素的影响，不能把研究结果量化，一定程度上影响了其结论的可信程度。定量分析法把注意力集中于有关历史数据，考虑的面比较窄，它以数据为基础，研究结果令人信服。本研究采用模糊层次分析法等定量分析方法，将二者结合起来使用，以求收到良好的研究效果。

（3）静态分析和动态分析相结合。静态分析只能把握事物的过去和现在。事实上，事物的现在包含着过去的成分，同时也蕴含了将来的成分，即事物的过去、现在和将来之间存在着必然的有机联系。通过对事物过去和现在的研究，可以挖掘其发展变化规律，从而预测未来发展趋势，动态分析正是基于这样的考虑对事物进行综合研究。对于社会问题，单纯的静态分析结果缺乏实际价值，因此，本研究将两种方法结合起来使用。

（4）在对有关企业、育种单位、经理人、育种者等设计问卷，进行调研的基础上，对典型案例进行研究，得出有价值的结论。

第三节　研究特点与主要贡献

种业企业并购整合的基本逻辑就是通过并购整合寻求协同效应。安德鲁·坎贝尔曾指出："通俗地讲，协同就是'搭便车'。当从公司一个部分中积累的资源可以被同时且无成本地应用于公司的其他部分的时候，协同效应就发生了。"种业企业通过获取管理协同效应、资源经营协同效应和财务协同效应，实现节省管理费用，提高企业运营效率，分散经营风险，实现市场力或垄断权，实现规模经济、范围经济，降低交易费用、筹集费用，实现资源互补，增加投资机会等。本研究特点与主要贡献体现在以下几个方面：

1. 种业是一个特殊行业，在农业领域有着重要的地位

种子作为农业生产资料的最基本部分，是农业生产资料中特殊的不可替代的部分，是各项农业技术和农业生产资料发挥作用的载体。当前，我国种业正处在一个"战略发展的转折期"，处在全新的复杂多变的竞争市场当中，种业管理者必须审时度势，制定和调整自己的发展战略。

2. 发展种业符合北京发展高端产业的定位，北京种业也进入了高质量发展新阶段

从前期北京建设"种业之都"，建设"种子硅谷"，到最近发展"高精尖"产业定位，规定将种业科技创新作为国际科技创新中心建设的重要内容，加强种业重大基础研究与关键核心技术创新，这些做法足以看出北京种业在国家发展中的特殊地位。《北京现代种业发展三年行动计划（2020—2022 年）》以及《北京市种子条例》的颁布，确定以"立足北京、协同津冀、辐射全国"为发展思路，充分利用全市科技、人才、信息、市场、金融等优势，建设种业科技创新引领者、现代农业产业增长点、种业资源要素聚集地和行业监管服务样板区，努力打造全国现代种业发展高地，表明北京种业已进入了高质量发展新阶段。

3. 种业企业并购整合作为一项风险较高的资本经营活动，其整合风险有其独特的生成机理，并伴随整个种业企业并购整合过程

整合风险可以分解为四个方面：①并购方购买的一项业务是否符合企业发展战略目标，是否与自身战略相匹配，业务是否有互补性，并购能否产生协同效应。否则，并购后若产生了内耗，公司的价值将会随之衰减。②可能存在对目标企业或其他标的物了解不够、信息不对称，导致对收购标的物支付额外的财务费用，加大企业并购资金负担。③由于管理团队缺乏并购整合经验，加之忽视政策、沟通和企业文化等无形因素，可能导致并购整合过程中发生碰撞、摩擦和争议。④由于对种业企业并购整合技术方案设计不周，造成并购后在战略整合、业务整合、市场整合、组织整合、财务整合等方面的困难，使其难以实现整合战略目标。上述潜在的风险因素随着并购整合过程的深入而逐步强化，并购风险也会逐步生成并凸显出来。

4. 种业企业并购整合风险的来源

（1）科技含量高，创新性强。种业企业中新种子的培育工作，往往具有很高的科技含量，正是由于其拥有很强的创新性，使种子培育工作有很大的附加值。种业企业在新品种的培育过程中，不但要考虑种子培育本身的技术难度，还需要对其辅助生产技术进行衡量，过多的不确定性，造成了种业企业研发项目的高风险性。

（2）商业化存在较大不确定性。为了将优质产品推向市场，获取高额利润，种业企业会投入大量资源开展研发和生产活动，而市场商业化过程的失败则意味着所有的努力和投入都打了水漂。在种业企业推广产品的过程中，与市场相关的风险主要包括：市场需求的不确定性，市场容量的不确定性，营销活动是否有效的不确定性和市场竞争的风险性。

（3）资金需求量大。种业企业资金需求持续性强，频率较高。比如科研资金投入在育种生命周期中往往呈几何级数增长。如果多个阶段的资金压力不断积压，可能为企业发生财务问题埋下隐患，种业企业的这种资金需求特征大大增大了企业的财务风险。

（4）无形资产地位突出。种业企业主要以开展新品种的研发以及利用新品种代替传统品种等活动为主，活动成果主要为无形资产。无形资产通常以植物品种权的形式存在，且在种业企业总资产中的占比较大。若企业发生财务危机，无形资产可能迅速贬值，进一步导致企业偿债能力降低，扩大企业财务风险。

5. 北京种业企业有各自的优劣之处

在企业财务风险管理和技术风险管理方面，中国种子集团做得最好；在管理风险管理方面，北京奥瑞金种业公司有很大优势；而北京德农种业公司则更注重外部环境对企业风险的影响作用。

6. 北京种业企业并购整合风险因素之间是一个多级递阶系统

影响北京种业企业并购整合最直接风险因素是：政策变动风险和财务协同效应风险；中间层风险因素是并购战略规划不完善风险和国家干预风险。由于多元企业文化包容度和技术不适等风险因素均在整合期，与我国当前种业企业并购整合表现较为一致，因此，在北京种业企业并购整合过程中，应注重整合期风险因素的识别与防范。

7. 对北京种业企业并购整合风险因素进行识别

北京种业企业并购整合风险因素中影响较大的一级指标是整合期的技术

及文化整合，以及并购期的法律风险及财务风险；影响较大的二级指标分别为技术应用风险、技术不适风险、核心人员离职风险、技术转移风险、财务协同效应风险、目标企业选择风险、多元文化包容度等。从并购企业风险视角可以得出，北京种业企业并购整合过程中，并购前期风险略低、并购期风险适中、整合期的风险最高。

第二章　并购整合理论与种业企业并购整合风险管理特点

企业并购整合主要包括产权并购整合、管理并购整合和业务并购整合。成功的种业企业并购整合及其风险防范，既要遵循一般企业并购整合规律，也要符合种业企业并购整合风险管理特点。一般企业并购整合理论主要包含交易成本理论、并购有效理论、并购效益怀疑理论等在内的企业并购整合理论以及企业核心竞争力理论、企业价值链并购整合理论等。陈述与研究这些理论，可以为后续研究奠定基础。种业发展有其自身规律及特点，种业企业并购整合更是一项风险较高的资本经营活动，其并购整合风险有其独特的生成机理和来源。种业企业并购整合风险来源于种业并购整合的全产业链、全部参与主体和全部要素。依据我国种业全产业链构造与种业企业及其并购整合的特殊性，可以将种业企业并购整合风险分为外部环境风险与内部环境风险，也可以分为产品销售风险、价值链重构风险、企业资源损伤风险和整合能力短缺风险等。种业企业并购整合风险管理具有整体性、聚变性、层次性和选择性等特点。

第一节　企业并购整合理论

一、企业并购整合及其分类

彼得·德鲁克（Peter Drucker）曾在《管理的前沿》中提出，"从表面上看，企业收购是一种财务活动，但成功的收购是建立在后期企业整合成功的基础上的。"据有关资料显示，在世界范围内，有超过80%的企业是由于后期整合不力而导致并购失败。可见在企业并购整合全过程中，前期并购的成功仅是开始，后期整合才是能否成功的关键。企业并购整合具体指并购企业双方在完成并购后，将双方的人力、文化、财务、管理及技术等方面的资源进行整合，在提高并购双方企业生产经营效率，优化产业结构的基础上，以期整合后达到正协同效应，获得竞争优势。企业并购整合可具体划分为产权并购整合、管理并购整合及业务并购整合。其具体内容及特点如表2 - 1所示。

表 2 - 1 　企业并购整合方式及特点

并购整合方式	定义	并购整合形式	特点
产权并购整合	产权并购整合是并购企业并购整合的基础，主要指的是在产品和资本上进行并购整合	纵向一体化并购整合、横向一体化并购整合和复合式多元化并购整合	优势企业通过调整和优化企业自身的产品结构和资本结构，实现资源的合理配置，以获取超额收益
管理并购整合	管理并购整合是产权并购整合的深化，是指企业在管理组织架构上进行并购整合	财务并购整合、人员并购整合、文化并购整合	需要建立完整有效的管理体制，区分企业内部各级组织的职责和权限，确保各组织分工明确，实现协同效应
业务并购整合	业务是企业并购整合能否发挥作用的关键，是企业并购整合的重要组成部分	并购企业将不同的产业业务在结构上进行组合或集成	帮助实现规模经济、范围经济和网络经济等效果

二、企业并购整合相关理论

(一) 交易成本理论

1. 科斯的交易成本学说

科斯（Ronald Coase）在《企业的性质》的开篇中指出，如果价格机制能够有效地配置资源，那为何在公司内仍需对资源配置进行计划和指导？科斯认为，企业存在的主要原因在于企业存在着利用价格机制的成本。这一成本可以归纳为许多因素，不是采用同每个员工签订规定其详细责任合同的方法，而是集中在企业内部进行管理监督的方法，能够带来明显的成本节约。科斯把价格机制和企业家的管理看成是组织生产的可供替代和选择的方法，他认为：在公司外部，价格变动指导着生产。生产通过市场上一系列的交换而得到调节。在公司内部，这些市场交易消失了，企业家作为调节者取代了由交易形成的复杂的市场结构，企业家指导生产。很明显，这些乃是调节生产的可供替代和选择的方法。科斯这一观点在现在看来不是很正确的，因为市场不可能产生生产和消费单位，只能通过价格将它们联系起来。但科斯提出的这一观点及交易成本的概念引起了研究制度的经济学家的很大的关注。后由乔治·斯蒂格勒（Geoger Stigler）陈述成科斯第一定理："只要没有交易成本，产权分配与效率无关。"交易成本成了讨论产权的基础，什么是交易成本？科斯之后的许多经济学家对交易成本理论作了进一步的发展。

2. 威廉姆森的交易成本学说

奥利佛·威廉姆森（Oliver Williamson）把交易成本定义为利用经济制度的成本，并将其细分为两类交易成本：事先交易成本和事后交易成本。事先交易成本包括起草、谈判和维护合同协议的成本。事后的交易成本则包括：当交易偏离要求而引起的不适应成本；为纠正事后的偏离而做出双边努力，由此而引起争论不休的成本；伴随建立和运作管理机构而带来的成本；使协议保证生效的抵押成本。他认为，交易成本的存在取决于三个因素：第一，交易合同不可能详尽周全，存在疏忽欠妥之处。第二，机会主义。意味着合同的不当之处可能被对方利用。第三，资产的专用性。意味着交易不能在自由竞争的市场进行，需双方保持持续不断的经济关系。资产的专用性是指人力资本和实物资产在一定的程度上被锁定，与其投入要素形成的特定贸易关系。一项资产的生产能力随生产过程中其他投入要素的专业化程度的提高而提高，然而，资产的专业化也增加了专业化资产所有人的风险，如果其他投入要素不能按时投入，那么资产专业化所有人就会蒙受损失。

3. 迪屈奇的交易成本学说

迈克尔·迪屈奇（Michael Dietrich）把企业（经济组织）运作分为两种形式：或是市场，或是企业内部组织，由此产生的对资源配置的管理分别导致了交易成本和组织成本。迪屈奇把交易成本分为三类：一是调查和信息成本；二是谈判和决策成本；三是制定和实施政策成本。令 B_m 和 B_f 分别为由企业或市场配置资源时的效益，C_m 和 C_f 分别为企业和市场决策时的交易成本。在资源配置决策的分工方面，存在着三种可能：

第一，当 $B_m > B_f$，并且 $C_m < C_f$，资源配置的决策应该由市场主导，即

大市场小企业，如图 2-1 所示；第二，当 $B_m < B_f$，并且 $C_m > C_f$，资源配置的决策应该由企业主导，即大企业小市场或寡头垄断的市场；第三，当 $B_m > B_f$，并且 $C_m > C_f$，资源配置的决策应该由市场和企业合作完成，如采用承包制或特许经营等，如图 2-2 所示。

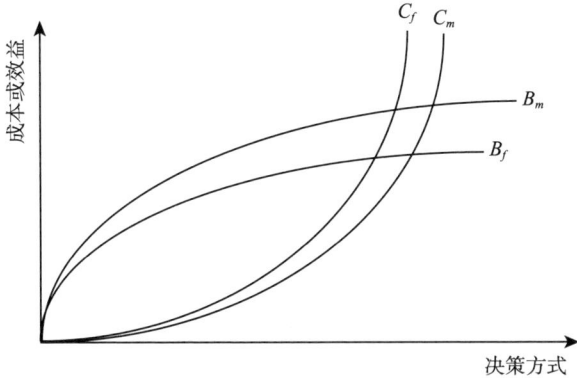

图 2-1　大市场小企业（$B_m > B_f$，并且 $C_m < C_f$）

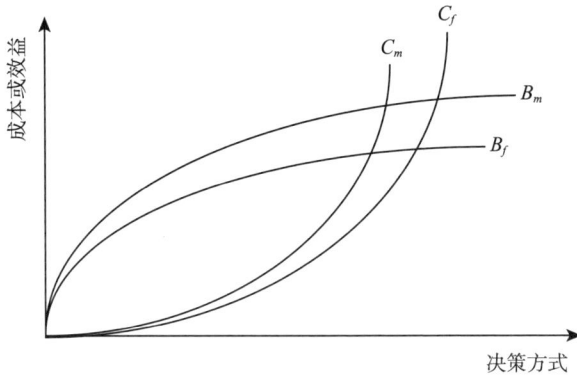

图 2-2　市场与企业合作决策（$B_m > B_f$，并且 $C_m > C_f$）

（二）企业并购整合有效理论

1. 协同效应理论

协同论（synergetics）亦称"协同学"或"协和学"，是 20 世纪 70 年代以来在多学科研究基础上逐渐形成和发展起来的一门新兴学科，是系统科学的重要分支。其创立者是德国斯图加特大学教授、著名物理学家哈肯

(Hermann Haken)。1971 年他提出协同的概念，1976 年他系统地论述了协同理论，发表了《协同学导论》，还著有《高等协同学》等。协同论认为，千差万别的系统，尽管其属性不同，但在整个环境中，各个系统间存在着相互影响而又相互合作的关系。其中也包括通常的社会现象，如不同单位间的相互配合与协作，部门间关系的协调，企业间相互竞争的作用，以及系统中的相互干扰和制约等。可以概括地认为，协同效应理论研究从自然界到人类社会各种系统的发展演变，探讨其转变所遵守的共同规律。

安德鲁·坎贝尔等（2000）在《战略协同》一书中说："通俗地讲，协同就是'搭便车'。当从公司一个部分中积累的资源可以被同时且无成本地应用于公司的其他部分的时候，协同效应就发生了。"他还从资源形态或资产特性的角度区别了协同效应与互补效应，即"互补效应主要是通过对可见资源的使用来实现的，而协同效应则主要是通过对隐性资产的使用来实现的。"20 世纪 60 年代美国战略管理学家伊戈尔·安索夫（H. Igor Ansoff）将协同的理念引入企业管理领域，协同理论成为企业采取多元化战略的理论基础和重要依据。安索夫在《公司战略》一书中，把协同作为企业战略的四要素之一，分析了基于协同理念的战略如何可以像纽带一样把企业多元化的业务有机地联系起来，从而使企业可以更有效地利用现有的资源和优势开拓新的发展空间。由韦斯顿（J. F. Weston）提出的协同效应（synergy）理论认为，公司兼并对整个社会有益，它主要通过协同效应在效率方面得以改进。协同效应是指两个企业兼并后，其产出比兼并前两个企业产出之和还要大，这一效应常被称为"2＋2＝5 效应"。

2. 管理协同理论

管理协同效应又称为差别效率理论。管理协同效应主要指的是协同给企业管理活动在效率方面带来的变化及效率的提高所产生的效益。如果协同公司的管理效率不同，在管理效率高的公司与管理效率低的另一个公司协同之后，低效率公司的管理效率得以提高，这就是所谓的管理协同效应。管理协同效应来源于行业和企业专属管理资源的不可分性。管理协同理论表明，现实中总存在着管理效率低或者没有充分发挥其经营潜力的企业。如果一家企业有一个高效率的管理队伍，其经营管理能力超过了本身企业的日常管理需要，该企业便可以通过并购一家管理效率低下的企业来使其额外的管理资源得以充分利用。

管理协同效应对企业形成持续竞争力有重要作用，因此它成为企业协同的重要动机和协同后要实现的首要目标。深入理解管理协同的含义及作用机理是取得管理协同效应的前提。在操作中首先要选择合适的协同对象，其次要通过恰当的人力资源政策使得管理资源得到有效的转移和增加，最后不能忽视文化整合的作用。

3. 经营协同理论

经营协同是指企业并购整合后经济效益随着资产经营规模的扩大而得到提高，资产的经营规模可以通过横向、纵向或混合并购整合而获得。因此，横向、纵向或混合并购整合都能从经营协同理论中得到支持。经营协同效应主要指的是并购给企业生产经营活动在效率方面带来的变化及效率的提高所产生的效益，其含义为：并购整合改善了公司的经营，从而提高了公司效益，包括并购整合产生的规模经济、优势互补、成本降低、市场份额扩大、更全面的服务等。经营协同效应的主要表现如下：

（1）规模经济效应。规模经济效应的获取主要是针对横向并购整合而言的，两个产销相同（或相似）产品的企业合并后，有可能在经营过程的任何一个环节（供、产、销）和任何一个方面（人、财、物）获取规模经济效应。

（2）纵向一体化效应。纵向一体化效应主要是针对纵向并购整合而言的，纵向一体化效益主要表现在：可以减少商品流转的中间环节，节约交易成本；可以加强生产过程各环节的配合，有利于协作化生产；企业规模的扩大可以极大地节约营销费用，由于纵向协作化经营，不但可以使营销手段更为有效，还可以使单位产品的销售费用大幅度降低。

（3）市场力或垄断权。获取市场力或垄断权主要是针对横向并购整合而言的（某些纵向并购整合和混合并购整合也可能会增加企业的市场力或垄断权，但不明显），两个产销同一产品的公司相合并，有可能导致该行业的自由竞争程度降低；合并后的大公司可以借机提高产品价格，获取垄断利润。因此，以获取市场力或垄断权为目的的并购整合往往对社会公众无益，也可能降低整个社会经济的运行效率。所以，对横向并购整合的管制历来都是各国反托拉斯法的重点。

（4）资源互补。合并可以达到资源互补从而优化资源配置的目的。比如有这样两家公司 A 和 B，A 公司在研究与开发方面有很强的实力，但是在市场营销方面十分薄弱，而 B 公司在市场营销方面实力很强，但在研究与开发方面能力不足。如果将这样的两个公司进行合并，就会把整个组织机构好的部分同本公司各部门结合与协调起来，而去除那些不需要的部分，使两个公司的能力达到协调有效地利用。

4. 财务协同理论

财务协同理论认为并购整合起因于财务目的，主要是利用企业多余的现金寻求投资机会和降低资本成本。财务协同效应是指协同的发生在财务方面给协同公司带来收益，包括财务能力提高、合理避税和预期效应。例如，在企业并购整合中产生的财务协同效应，就是指在企业兼并发生后通过将收购企业的低资本成本的内部资金投资于被收购企业的高效益项目上，从而使兼并后的企业资金使用效益提高。财务协同效应能够为企业带来效益，主要表现在：

（1）企业内部现金流入更为充足，在时间分布上更为合理。企业兼并发生后，规模得以扩大，资金来源更为多样化。被兼并企业可以从收购企业得到闲置的资金，投向具有良好回报的项目；而良好的投资回报又可以为企业带来更多的资金收益。这种良性循环可以增加企业内部资金的创造机能，使现金流更为充足。

（2）企业内部资金流向更有效益的投资机会。混合兼并使得企业经营所涉及的行业不断增加，经营多样化为企业提供了丰富的投资选择方案。企业可从中选取最为有利的项目。同时兼并后的企业相当于拥有一个小型资本市场，把原本属于外部资本市场的资金供给职能内部化了，使企业内部资金流向更有效益的投资机会，最直接的后果就是提高企业投资报酬率并明显提高企业资金利用效率。

（3）企业资本扩大，破产风险相对降低，偿债能力和取得外部借款能力提高。企业兼并扩大了自有资本的数量，自有资本越大，由于企业破产而给债权人带来损失的风险就越小。合并后企业内部的债务负担能力会从一个企业转移到另一个企业。因为一旦兼并成功，对企业负债能力的评价就不再是以单个企业为基础，而是以整个兼并后的企业为基础，这就使得原本属于高偿债能力企业的负债能力转移到低偿债能力的企业中，解决了偿债能力对企业融资带来的限制问题。

（4）企业筹集费用降低。合并后企业可以根据整个企业的需要发行证券融集资金，避免了各自为战的发行方式，减少了发行次数。整体性发行证券的费用要明显小于各企业单独多次发行证券的费用之和。

5. 价值低估理论

所谓价值低估是指企业的权益（股票）的现行市场价值低于其内在价值。价值低估理论认为，当目标企业的市场价值由于某种原因未能反映其真实价值或潜在价值时，其他企业可能将其并购整合。价值低估理论将并购整合动机归因于目标企业价值的低估。因此，价值低估理论预言，在技术变化日新月异及市场销售条件与股价不稳定的情况下，购并整合活动一定很频繁。

（1）短视理论。该理论认为问题的所在是市场参与者，特别是机构投资者强调短期的经营成果，其结果将导致有长期投资方案的公司价值被低估，当公司价值被低估时，它们就成为对其他有大量可自由支配资源的公司或个人投资者（进攻者）而言有吸引力的目标。

（2）托宾 Q 理论。经济学家托宾于 1969 年提出了一个著名的系数，即"托宾 Q"系数（也称托宾 Q 比率）。该系数为企业股票市值对股票所代表的资产重置成本的比值，在西方国家，Q 比率多在 0.5～0.6 之间波动。因此，许多希望扩张生产能力的企业会发现，通过收购其他企业来获得额外生产能力的成本比自己从头做起的代价要低得多。例如，如果 Q 比率在 0.6 左右，而超过市场价值的平均收购溢价是 50%，最后的购买价格将是 0.6 乘以 1.5，相当于公司重置成本的 90%。因此，平均资产收购价格仍然比当时的重置成本低 10 个百分点。

（3）信息不对称理论。大量的研究表明：即使在欧美国家那样发达的资本市场上，股票市价能反映所有公开的信息，但未必能反映所有未公开的"内幕信息"。一些实力雄厚的大机构或大公司通常具有相当的信息优势，它们比一般投资者更容易获取关于某个公司竞争地位或未来发展前景的"内幕信息"，而此时整个市场对此却一无所知，知情者若发现该公司的股票市价低于其真实价值，就可能乘机收购其股票。

6. 信息与信号理论

Dodd Ruback（1977），Bradley（1980）经过实证研究表明，即使公司收购活动最终并未取得成功，目标公司的股票在收购活动中也会被重新提高估价。针对这种效应 Desia Kim（1983）提出了信息与信号假说。这一假说包含两种解释：持"坐在金矿上"的人解释认为，收购活动会散布关于目标公司股票被低估的信息并促使市场对这些股票重新估价；"背后鞭策"论者则认为收购要约会激励目标公司的管理层贯彻更有效的战略，而无须任何外部动力。信号理论是信息假说的一个重要变形，它说明新的信息作为要约收购的结果而向市场传达出特殊的信号。Ross（1977）将信号概念与资本结构的选择联系在一起，分析了企业并购整合过程中的信号发布的三种形式，较为具体地阐述了作为信号的收购事件对企业并购整合效应的影响。

信息理论解释并购整合动机的学说中，有三种不同的看法。第一种看法认为，在并购股权的活动中，不论并购整合成功与否，目标企业的股价总会呈现上涨的趋势。其原因在于，并购股权的行为向市场表明，目标企业的股价被低估了，即使目标企业不采取任何对策，市场也会对其股价进行重估。或者，并购方的收购发盘将会使目标企业采取更有效率的经营策略。第二种看法认为，在不成功的并购整合活动中，如果首次收购发盘之后五年内没有后续的收购要约，那么目标企业的股价将会回落到发盘前的水平；如果有后续的收购要约，则目标企业的股价将会继续上涨。当目标企业与并购方企业进行了合并，或目标企业已转到并购方企业的控制之下时，目标企业的股价才会被不断重估，呈上涨态势。第三种看法是与企业资本结构的选择行为相关，认为作为内部人的经理拥有比外部人（或称局外人）更多的关于企业状况的信息，这种情形也就是所谓的信息小对称性。

（三）企业并购整合效益怀疑论

1. 管理主义

该假说表明管理者知道自己在并购整合过程中支付了过高的价格，并购整合是在牺牲股东利益的情况使得自身所控制公司的规模最大化。因为管理者的补偿与其自身所控制的资产的数量相关，所以管理者喜欢追求资产增长的速度而非利润（Marris，1964）。同时，管理者为了减少人力资本方面的风险，乐于从事相关多元化的业务（Amihud，Lev，1981），但是结果证实以管理主义为目的的并购整合，给企业带来的效益是负的（Berkoitch&Narayanan，1993，Seth&Song&Pettit，2000）。并购整合是企业获得管理价值最大化的行为。管理者希望通过并购整合扩张企业，不断促使企业迅速发展，以实现其在事业上的雄心壮志。在企业并购整合中，特别是在脱离商业活动的情况下，最普遍的并购整合动机来自管理者的事业心、成就感。而企业内部的积累难以达到迅速扩张的目的，因此，并购整合成为管理者乐于接受的一种扩张方式。

2. 自负假说

罗尔（Roll，1986）提出的自负假说认为，由于经理过分自信，所以在评估并购整合过程中会犯过于乐观的错误。在并购整合过程中，并购方企业认定一个潜在的目标企业并对其价值（主要是权益价值）进行评估。当估价结果低于权益（股票）的市场价值时，便不会提出报价，只有当估价超过当前的市场价值时才会提出报价并作为竞价企业进行并购整合尝试。如果没有协同效应且资本市场有效，那么估价的平均值将等于当前市场价值。并购整合支付的溢价只是一种误差，是竞价者在估价中所犯的错误。他指出，并购方或许没有从他过去的错误中吸取教训，或者会自信其估值是正确的，这样，并购整合就有可能是并购方的自负引起的。这种理论的前提是市场具有很强的效率，依据这个前提，一方面，股价反映了所有公开或未公开的信息，资源的再配置不会给资本市场上的投资者带来收益；另一方面，并购整合有效理论又是建立在市场低效率基础上的。这样，理论的矛盾就在这里出现了。现代企业理论表明，企业存在的原因，正在于市场运行并不是无摩擦的。这就是说，第一，规模经济是由于资产的专用性而产生的。第二，在团队生产中产生的管理，是建立在反映个人特征的企业特有信息基础上的。企业信息是有价值的，这恰恰因为信息是有成本的。第三，某些交易成本会导致市场交易内部化（一体化）。所以，资产专用性、信息成本和交易成本等"不完善因素"，使得单个的生产投入在企业内仍保持单个和分立的形式是低效的。并购整合很可能是一种促使企业资源在企业之间再配置的有效途径。

3. 自由现金流量假说

Jensen 将闲置现金流量定义为超过所有投资项目资金要求量的现金流量，且这些项目在以适用的资本成本折现后要有正的净现值。Jensen (1986) 认为，由于股东和经理人员在闲置现金流量配置问题上的冲突而产生的代理成本，是造成接管活动的主要原因。这个代理问题可以分成两方面来理解：一方面，股东和管理者在企业战略选择上是有严重的利益冲突的，代理成本是不能妥善解决这些利益冲突的。当代理成本很大时，接管活动有助于降低这些费用；另一方面，代理成本又可能是并购整合造成的，因为管理者可以运用闲置现金流量来并购整合其他企业。

闲置现金流量的派发，将会减少管理者控制的资源规模，并相应缩小管理者的权力，这样可以降低代理成本。但是，管理者常常并不把这些现金流量派发给股东，而是投资于很低的项目，或大举进行并购整合，以扩大企业的规模，由此造成更大的代理成本。自由现金流量假说运用"自由现金流量"的概念来解释股东和经理之间的矛盾冲突，进而解释并购整合行为的起因，的确使理论的研究更深入一步。但是，正如 Jensen 本人所承认的，他的理论不适于分析成长型企业，因为这种企业的确需要大量的资金投入。这就不能不使这种理论的适用范围受到很大的限制。

4. 市场势力理论

市场势力理论认为，并购整合活动的主要动因经常是由于可以借并购整合达到减少竞争对手来增强对经营环境的控制，提高市场占有率，使企业获得某种形式的垄断或寡占利润，并增加长期的获利机会。

Comanor 在 1967 年发表的论文中就指出，获取垄断的并购整合也可能在纵向并购中出现。公司可以并购整合产业链上下游中的关键企业，通过对这些企业的控制，树立产业壁垒，限制其他厂商进入该产业，达到获取垄断地位的目的。惠廷顿在 1980 年发现大公司在利润方面比小公司的变动要小。这说明大公司由于市场势力较强，不容易受市场环境变化的影响。规模、稳定性和市场势力三者是密切相关的。威廉姆森认为：企业持续购并整合，并以此扩张规模并不是为了提高效率，而是为了追求、维持和加强其在市场上的垄断地位。实证分析表明，过去以至现在的确存在一些企业为了谋求垄断地位、获得垄断利润而进行购并整合和扩张的事实，但这是在一定时期内存在的现象。从长期来看，如果企业并购整合扩张不能带来效率的提高和风险的降低，企业并购整合就难以持续下去。

（四）纵向并购整合和横向并购整合理论

1. 纵向并购整合理论

（1）交易成本理论。纵向并购整合实际上是用公司内部的交易代替市场交易。有两种资源配置的方式，即市场交易和内部调拨。使用价格机制的成本就叫做交易成本，主要指的是利用市场，把资源和劳务从一方转移到另一方付出的成本。在竞争性市场条件下，交易成本的存在能够对纵向并购整合产生利益上的激励。如果交易成本存在，交易成本越大交易量越少，如果是上下游的企业，在内部调拨成本低于交易成本时，就会有纵向整合的动机。

交易成本的决定因素包括以下两个方面（Williamson，1974）：第一，交易性因素（transactional factors），相关产品中间市场的环境特征，比如市场的不确定性，潜在的贸易伙伴等；第二，人为因素（human factors），主要为两个阻碍交易的无所不在的特征，即有界理性（bounded rationality）和机会主义（opportunism）。

（2）固定比率的上下游厂商间的并购整合激励。比如说电视机的制造与销售，销售方购买的和销售的产品是固定比率的。有些时候是无需整合的，但是在以下几种情况下会有整合的激励。如连续垄断（successive monopoly），在电视机的销售方在一地方有垄断力量时，会有前向的并购整合激励；与产品相关的服务（important product‑specific services），比如说汽车销售中的试车服务，在这种情况下，厂商也有前向并购整合的激励。

（3）进入壁垒。Comanor（1967）和 Williamson（1979）讨论了公司的纵向并购整合，能够增加潜在进入者的进入壁垒。纵向合并能够增加进入的成本，比如，必须同时进入两个或两个以上的产业；如果纵向合并减小了自身的成本，会阻碍潜在的进入者。

（4）可变比率下的纵向并购整合激励。下游企业可以选择不同的比率来使用上游的产品。

（5）不确定性条件下的纵向并购整合。总的来说，纵向并购整合可以减少中间产品的需求和供给上的不确定性，保证更加稳定的供给和需求，增加生产环节之间信息的交流，通过多样化减小总体的风险。

（6）技术边界与纵向并购整合。Acemoglu、Aghion 和 Zilibotti（2002）认为一个国家纵向并购整合的程度和这个国家的经济技术水平及其与世界技术边界的距离有关。纵向并购整合，管理者从事生产和创新活动，如造成管理超载（managerial overload），将妨碍创新活动。外包生产活动，能缓和管理超载但是容易造成"holdup"的问题，一部分利润被供给者得到。在离技术边界较远的环境中，模仿占主要地位，纵向并购整合较多，越靠近技术边界，创新越有价值，更鼓励外包。

2. 横向并购整合理论

横向并购整合理论假设生产函数是规模报酬不变的，即剔除了规模报酬的影响，强调公司单纯扩大规模的合并动机，以及不完全竞争条件下的公司行为。该理论认为，公司合并的动机取决于两个互相矛盾的方面：第一，合并以后价格会升高；第二，合并以后的公司的产量要比合并以前两个公司的产量的和小。价格的提高对所有公司都是有利的，并且对合并后的公司而言，通常可以抵消产量下降带来的损失，从而总的来说合并可以增加公司的利润，这样就提供了公司合并的动机（Perry 和 Porter，1985）。

钱德勒（1999）从规模经济和范围经济的角度揭示了公司整合的原因。规模经济是指当生产或经销单一产品的单一经营单位增加了生产规模减少了生产或经销产品的单位成本。范围经济是指利用单一经营单位内的生产或销售过程来生产或销售多于一种产品而产生的经济。交易成本的减小和规模经济或范围经济密切相关。交易成本是涉及把货物和服务从一个经营单位转移到另一单位的成本。单位之间货物和服务更加有效率地交换，可以减少交易的成本，而规模经济和范围经济是与在这些单位内部更加有效率地使用设施和技能密切联系在一起的。利用规模经济或范围经济的企业获得了强大的竞争优势——"先行者"的优势，不仅在成本上，还在所有职能活动上——生产、经销、采购、研究、筹措资金和一般管理上。在很多情况下，刺激兼并的因素是为了取得对产出、价格和市场更加有效的控制。这种横向合并，只有在对被兼并或购置的公司很快确立了单一、集中管理的控制，使设施和人员合理化以更充分地利用规模经济和范围经济的条件下，才会增加组织能力和生产能力。

3. 横向并购整合与纵向并购整合比较

纵向并购整合的收益有三个方面:第一,消除了双重边际化,即纵向并购整合以后,原来两个企业的决策问题转化为了一个企业的决策问题;第二,可以对没有参加并购整合的对手采取价格歧视;第三,避免了没有参与横向并购整合造成的损失。

横向并购整合的收益有两个方面:第一,需求的价格交叉效应的内部化可以增强市场力量;第二,避免了没有参与纵向并购整合造成的损失。

当考虑到先前没有进行纵向并购整合的企业之后也进行纵向并购整合时,纵向并购整合就没有什么意义了,横向并购整合的可能性就比纵向并购整合的可能性大。特别是当下游产品的替代性很大的时候,上下游同时进行横向合并的可能性非常大。

Grossman 和 Hart(1986)提出了一个可以同时解释横向并购整合和纵向并购整合的理论。该理论是在不完全合约的基础上来解释合并原因的,用动态博弈的过程同时解释了横向并购整合和纵向并购整合的出现。由于签订完全合约的成本很大,也是不太可能的,所以最优的选择就是让合约的一方获得除了合同中规定的权利(specific right)以外的所有权利(residual rights)。所有权(ownership)就是剩余索取权的获得。由于合约的不完全,合约一方事后得到的收益不能完全补偿事前的投资,造成了投资的扭曲。当投资的边际价值和平均价值变动的方向相同时,所有权的分配会影响平均投资回报,从而影响投资的水平,造成投资水平的扭曲,不能达到最优水平。如果一个公司的投资决定相对于另一个公司而言更为重要,且它获得所有权对投资造成的扭曲更小,那么由该公司来进行并购整合就是最优的。所以,并购整合是剩余索取权的有效分配。

三、企业核心竞争力理论

(一)企业核心竞争力的环境理论

美国教授波特认为,"竞争优势"意味着企业在特定产业中具有超过平均水平的业绩表现,而这种业绩表现具体到财务方面,就是企业获得超额的投资收益。公司在产业中的相对地位决定了它的盈利能力的高低。长时间维持优于行业平均水平的经营业绩,其根本基础是持久性竞争优势。从低成本或差异性两种基本的竞争力出发，由公司的核心竞争力便可得到产业中创造高于平均经营业绩水平的三种基本竞争战略，即成本领先战略、差异化战略和集中化战略。

公司确定最佳竞争战略的根据是对企业所面临的竞争环境的正确评价。"对于特定的公司来讲，其最佳战略将最终反映公司所处具体情况的独特产物"。至于如何描述和评价公司所处的具体情况，波特提出了五种竞争作用力的分析框架。在他看来，一个产业内部的竞争状态取决于五种基本竞争作用力：进入威胁、替代威胁、卖方议价能力、买方议价能力以及现有竞争对手的竞争，如图 2-3 所示。

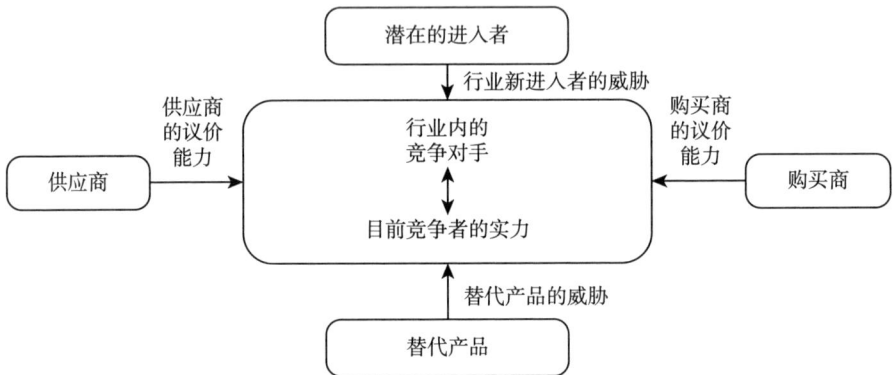

图 2-3　波特五力竞争模型

这五种基本竞争力量的状况及其综合程度，决定着企业面临的竞争激烈程度和企业利润潜力。波特指出，其中任何一种力量越强，则现有企业就越难以提价和盈利。相应地，企业所处的竞争环境可以用这五种作用力来描述概况，或者说，企业总是可以通过分析这五种力量来考察自己所处的竞争环境。波特的三种竞争战略如下：

1. 成本领先战略

成本领先战略是一种格外依赖于先发制人、获取竞争力的战略。公司的目标是要成为其产业中的低成本生产厂商。实现这一目标的主要途径就是在现有经营成本链的各个环节提高效率和有效控制开支，即公司对物资供应活动、生产和销售活动以及销售渠道有关的各种费用加以控制。如果公司能够创造和维持全面的成本领先地位，那么它只要将价格控制在产业平均或接近平均水平，就能获取优于平均水平的经营业绩。

2. 差异化战略

差异化则是公司设法使自己的产品或服务有别于其他公司，在全行业范围内树立起别具一格的经营特色，其基础便是公司拥有的核心专长，具有独特性与延展性，从而在竞争中取得有利地位。在公司经营成本链的每一环节中，凡是能给顾客带来新价值的各个环节都可能带来一定的差异化优势，如技术性能、品牌形象、售后服务等。德国汽车的质量信誉来自其良好生产技术和质量控制；而美国很多公司通过向顾客提供精心安排的服务与技术保障来增加顾客的价值。

3. 市场集中化战略

市场集中，即公司将经营范围集中于某个特殊的顾客群、某个产品线的一个细分市场或地区市场。实行市场集中能够以较高的效率与效果为某一狭窄的对象服务，从而超过在较广范围内竞争的其他公司。其结果是公司通过满足特殊市场的要求实现了差异化，或者在向这一对象服务过程中达到低成本，甚至可能二者兼得。

当然，实施一般竞争战略的同时，公司必须考虑其相对于竞争对手的持久性，否则，就不能为公司带来优于产业平均水平的经营业绩。这就要求公司具有增加战略模仿的壁垒。

（二）企业核心竞争力的资源理论

资源是指一个组织所拥有的资产、技术、技能的总和。企业资源是企业竞争优势的根本源泉。关于企业竞争力的"资源说"的文献始见于20世纪80年代初。1984年，沃纳菲尔特在论文《公司资源学说》中提出了公司内部资源对公司获利并维持竞争优势的重要意义（Wernerfelt，1984），此后，陆续有许多文章讨论与此相关的问题，"资源说"逐步形成和壮大。可以认为，资源说的兴起，表明企业竞争力的研究重点从企业外部转向企业内部，从企业所处的产业环境、策略定位，转移到企业的内部资源上来。

企业资源观的核心观点是：企业是由一系列资源所组成的集合，每种资源都有多种不同的用途，企业的竞争优势源自企业所拥有的资源。外部的市场结构与市场机会对企业的竞争优势会产生一定的影响，但并不是决定性的因素。企业资源观认为企业是各种资源的集合体。由于各种不同的原因，企业拥有的资源各不相同，具有异质性，这种异质性决定了企业竞争力的差异。概括地讲，企业资源观主要包括三方面的内容：①企业竞争优势源于企业的异质资源；②竞争优势持续性源于资源的不可模仿性；③异质资源的获取与管理主要来自学习。

企业资源观或资源基础论认为资源具有多种用途，其中又以货币资金为最。企业的经营决策就是指定各种资源的特定用途，且决策一旦实施就不可还原，投资具有不可逆性。因此，在任何一个时点上，企业都会拥有基于先前资源配置基础上进行决策后带来的资源储备，这种资源储备将限制、影响企业下一步的决策。企业资源观认为企业在资源方面的差异是企业获利能力不同的重要原因，也是拥有优势资源的企业能够获取经济租金的原因。自安蒂思·潘罗斯以来，资源基础论的研究者们几乎都将企业独特的异质资源指向了企业的知识和能力。Barney（1991）则认为作为竞争优势源泉的资源应当具备以下五个条件：①有价值；②稀缺；③不可替代；④不能完全被模仿；⑤以低于价值的价格为企业所取得。

资源特征对企业竞争优势和经营绩效的关系如表 2-2 所示。

表 2-2　资源特征对企业竞争优势和经营绩效

资源特征	竞争优势	绩效	评价
有价值	满足了资源价值性这一标准，成为在产业中进行竞争需要创造价值的资源。但资源的价值并不能产生竞争优势	有用价值的资源和能力能产生平均利润	资源是否能满足市场需求或使企业免受市场不确定性的影响
稀缺	有价值且稀缺的资源能创造竞争优势，但这种竞争优势可能只是暂时的	暂时的竞争优势能够产生高于平均利润的回报，带来经济租金。直到竞争者的活动使这种优势失去效用	假设某种资源具有价值性，那么相对于需求是否稀缺，或者竞争者是否普遍拥有这种资源
不可替代	有价值且稀缺的资源如果不可替代，就能带来竞争优势（直到竞争对手能够找到这种替代品，或者由于环境变化使这种优势失去效用）	持续的竞争优势能在相当的时期内给企业带来超额收益，带来经济租金	假设这种资源既有价值又稀缺，那么竞争者在一定时间内模仿这种资源是否存在困难

（续）

资源特征	竞争优势	绩效	评价
难以模仿	有价值且稀缺的资源如果难以模仿，就能带来竞争优势（直到竞争对手能够模仿这种优势，或者由于环境变化使这种优势失去效用）	持续的竞争优势能在相当的时期内给企业带来超额收益，带来经济租金	假设这种资源既有价值又稀缺，那么竞争者在一定时间内模仿这种资源是否存在很大困难

企业竞争优势根源于企业的特殊资源，这种特殊资源能够给企业带来经济租金。在经济利益的驱动下，没有获得经济租金的企业肯定会模仿优势企业，其结果则是企业趋同，租金消散。因此，企业竞争优势及经济租金的存在说明优势企业的特殊资源肯定能被其他企业模仿。企业资源观的研究者们对这一问题进行了广泛的探讨，他们认为至少有三大因素阻碍了企业之间的互相模仿。

1. 因果关系含糊

企业面临的环境变化具有不确定性，企业的日常活动具有高度的复杂性，而企业的租金是企业所有活动的综合结果，即使是专业的研究人员也很难说出各项活动与企业租金的关系，劣势企业更是不知该模仿什么，不该模仿什么。并且，劣势企业对优势企业的观察是有成本的，劣势企业观察得越全面、越仔细，观察成本就越高，劣势企业即使能够通过模仿获得少量租金，也可能被观察成本所抵消。

2. 路径依赖性

企业可能因为远见或者偶然拥有某种资源而占据某种优势，但这种资源或优势的价值在事前或当时并不被大家所认识，也没有人去模仿。后来环境发生变化，形势日渐明朗，资源或优势的价值日渐显露出来，成为企业追逐的对象。然而，由于时过境迁，其他企业再也不可能获得那种资源或优势，或者再也不可能以那么低的成本获得那种资源或优势，拥有该种资源或优势的企业则可以稳定地获得租金。

3. 模仿成本

企业的模仿行为存在成本，模仿成本主要包括时间成本和资金成本。如果企业的模仿行为需要花费较长的时间才能达到预期的目标，在这段时间内完全可能因为环境的变化而使优势资源丧失价值，使企业的模仿行为毫无意义。在这样一种成本威慑下，很多企业选择放弃模仿。即使模仿时间较短，优势资源不会丧失价值，企业的模仿行为也会耗费大量的资金，且资金的消耗量具有不确定性。如果模仿行为带来的收益不足以补偿成本，企业也不会选择模仿行为。

（三）企业核心竞争力的能力理论

企业竞争力的资源理论从企业资源的异质性入手，分析了由资源差异产生租金差异，进而导致企业之间竞争优势差异的内在过程，但资源理论没有深入研究资源优势是如何产生的，由此引出企业竞争力的能力理论（capability‐basedview，简称CBV）。

针对资源论存在的缺陷，Grant（1991）提出了能力（capability）的概念，并论述了资源与能力之间的关系，他将资源定义为企业在生产过程中的各种投入，如设备、员工、专利、商标、资本等，并将资源分为财务资源、实物资源、人力资源、技术资源、声誉资源和组织资源六大类。他认为上述个体资源（individual resource）是不具备生产性（few productive）的，生产性活动需要资源组（teams of resources）的配合与协调，而配合与协调各种资源的就是企业的能力，由此他将能力定义为"将资源组配合起来完成某项任务或活动的才能（capacity）"，并进一步提出："资源是能力的来源，能力是导致资源产生竞争优势的根本手段"。Grant（1991）的研究表明这样一种观点：能力是将个体资源组合起来形成资源组合优势，并运用资源优势来创造产品优势，进而创造企业的竞争优势。

此后 Amit 与 Schmaker（1993）对能力概念做了进一步论述，他们认为："能力是企业运用组织流程，组合起来配置资源，从而取得既定结果的才能（capacity）"，并提出："能力是信息化的（information‐based）、通过各种资源之间长期作用而形成的各种特有的流程（processes），是企业为提高资源的使用效率、战略的灵活性和为保护最终产品而生产的中间产品（intermediate goods）"。由此，他们将能力定义为："基于企业人力资源对信息的开发、解读和传播而形成的，针对具体职能领域，通过组合实物、技术、人力等资源而发展起来的组织流程。"他们的研究明确地将能力表述为企业使用资源的各种流程，并指出能力的核心是人力资源在对各种个体资源进行不断认识和解读的过程中形成的知识性资源，能力的形成是在人力资源这类有思维和能动性的资源中进行的。

Eisenhardt 和 Martin（2000）对市场动态性问题及动态能力概念做了更深入和具体的论述。他们首先通过实证研究，列举了一些动态能力的具体实例，如本田的发动机开发流程、Intel 的资源配置流程、惠普的并购整合流程等，将动态能力定义为："企业使用资源的流程（processes），特别是有关整合、重塑、获取和放弃资源，以适应乃至创造市场变化的流程，是企业在市场出现机会，呈现冲突、分裂、进化和消亡等状态时，赖以进行新的资源配置的各种组织和战略流程。"而后他们又分析了市场的动态性问题，将市场细分为适度动态市场和高速变化市场两类。

Zollo 和 Winter（2002）从进化经济学角度对能力进化问题做了深入研究。他们认为能力的进化过程就是企业进行不断的有目的的学习过程，为此他们首先对动态能力的概念做了进一步修正，并定义了动态能力概念的基础，认为企业中存在着操作程序和探索程序两类程序。操作程序是指企业已有的各种具体作业流程，运用操作程序的企业可以保持现有的营业收入和获利水平。而探索程序则是为了有目的地改进操作程序，以便不断增强未来获利水平的程序，进而明确指出："这种探索程序就是动态能力"，并将动态能力定义为："集体学习活动中的一种稳定模式，运用该模式，组织能够系统地创造和改进操作程序，从而达到提高效率的目的。"

（四）企业核心竞争力与核心能力理论

Hamel 和 Prahalad 探索了核心技术以及核心竞争力相关内容。他们把核心竞争力定义为能够使组织为客户带来特殊利益的一组生产技能和技术。核心竞争力构成了公司已经建立或希望建立的超越竞争对手的领导才能的基础。核心技术是组织的一种基础性资源，核心竞争力构成了核心产品的基础。反过来，核心产品又构成了公司业务的基础。

核心竞争力涉及技能、知识以及技术的综合，这些方面的结合可以带来竞争优势。技术性分析需要详细到足够揭示出实用的战略见解，但又不能过于详细。法国学者多茨（Yves Doz）从研究管理竞争力时遇到的困难入手，分析创建学习型组织的重要性。他认为，核心竞争力的发展路径通常是不清晰的。竞争力的基石——学习通常是潜移默化的。多茨提出竞争力管理中的

5个关键过程：竞争力的开发过程、扩散过程、集中过程、发挥过程和更新过程。多茨还列举了加速发展竞争力的有效管理手段，包括业务流程再造、质量管理、职业培训等。多茨的文章为阐述核心竞争力管理问题提供了一个框架。

美国麦肯锡咨询公司在企业的管理咨询实践中，对核心能力作出了独特的阐述。麦肯锡咨询公司认为，"企业核心能力是指企业内部一系列互补的技能和知识的结合，它具有使一项或多项业务达到世界一流水平的能力。"麦肯锡咨询公司也强调了核心能力是知识和技能的结合，具有整合性。但更加重要的是将核心能力的概念在外延上大大拓展，核心能力不仅包括核心技术能力，企业的其他各种能力都可能成为核心能力。麦肯锡咨询公司把核心能力与"世界一流水平"联系起来，使核心能力的概念具有更深的内涵，体现了核心能力的最终价值取向。这种"世界一流水平"的观点虽然明显服务于发达国家，且只能服务于少数超大企业，但是凸显了核心能力的市场竞争性，即核心能力必须给企业带来超强的核心竞争力。识别核心竞争力的三个方面包括：

（1）客户价值。必须对客户如何看待公司以及公司所提供的产品或服务产生真正的影响力。

（2）竞争对手差异化。这种差异必须是独一无二的。如果整个行业的公司都掌握了这项技术，那么它就不会是核心技术，除非公司在这个领域确实具有特色。

（3）可扩展性。核心技术需要具备使产品或服务超越当前水平的能力。技术也需要具备从当前产品中转移出来的能力。企业需要规划如何在整个运营领域中开发核心技术。

核心竞争力是指居于核心地位并能使企业超越竞争对手获得较大利润的要素作用力，具体来说就是组织的集体学习能力和集体知识，尤其是如何协调各种生产技术以及如何将多种技术、市场资源和开发活动相结合的能力和知识。核心能力体现了企业资源配置的方向，是决定企业战略地位的主要因素之一。

1989年哈默尔、多茨和普拉哈拉德在《哈佛商业评论》第1期发表了"与竞争者合作，然后胜利"一文。该文指出，在短期内，企业产品的质量和性能决定了企业竞争力，而在长期内起决定作用的是企业的核心竞争力，即孕育新一代产品的独特技巧。同年，在《哈佛商业评论》第3期他们又发表了"战略意图"一文，指出日本本田公司在发动机方面形成的核心竞争力无异于向竞争者发出警告，它将有可能进入表面上无关的行业但内在与发动机相关的行业，如汽车、割草机和发电机等行业。1990年，普拉哈拉德和哈默尔在《哈佛商业评论》第3期发表了"企业核心竞争力"一文，在对美国GTE公司和日本NEC公司的发展状况进行比较的基础上提出了核心竞争力的概念，他们认为"为什么这两家公司都以类似的业务组合开始，经营的效果却如此不同呢？主要的原因是NEC公司是用核心竞争力概念来构筑公司的，而GTE公司却不是"，并将"核心竞争力"定义为"组织中的积累性学识，特别是关于如何协调不同生产技能和有机结合各种技术流派的学识"。自此，核心竞争力便成为研究和实践的主流方向之一。他们是这样描述"核心能力"的特征的：

（1）核心竞争力是一个企业竞争力的源泉，其他各方面的竞争力都来源于"核心竞争力"；

（2）核心竞争力是组织中的集体性学识，尤其是那些协调不同生产技能和整合各种技术流派的能力；

（3）核心竞争力是指沟通能力、参与能力及跨组织合作时和谐紧密的契约关系；

（4）核心竞争力不会随着被使用而减弱，随着它的每一次被应用都会得以提升。

普拉哈拉德和哈默尔还提出了核心竞争力的识别准则：

（1）"核心竞争力"应当对最终产品中可见的消费者收益具有明显贡献；

（2）"核心竞争力"提供了进入多样化市场的潜能；

（3）"核心竞争力"应当是竞争对手难以模仿的能力。

对核心能力的系统研究，是在20世纪70年代西方发达国家提倡自由贸易，社会经济进入所谓后工业经济时代的背景下发展起来的。这一时期的管理理论关注环境、强调整体、注重权变，因为这一时期的市场竞争异常激烈，老的企业经营观念在应付激烈的市场竞争时显得软弱无力，人们希望确立企业的长久竞争优势，希望企业具有一种确保其在激烈的市场竞争中立于不败之地的能力，即企业的核心竞争力。所以对核心竞争力的研究其实都是基于市场经济中的企业是开放的组织系统、企业处于竞争环境中、企业内部环境要适应外部环境变化的基础之上做出的。

企业核心竞争力是企业长期积累形成的，能够给企业带来长期竞争优势的一个复杂的系统。这一系统是由企业的业务能力与各业务能力之间的有机联系构成的。

四、企业价值链并购整合

(一) 价值链

第一个提出价值链思想的是美国学者迈克尔·波特教授。价值链是描述顾客价值是如何通过一系列可以导致一个最终产品或服务的活动而形成的。企业是为最终满足顾客需要而设计的"一系列活动"的集合体，是"一系列活动"组成的"产出"。企业每项生产经营活动都是创造价值的经济活动，企业所有的互不相同但又相互联系的生产经营活动，便构成了创造价值的一个动态过程，即价值链。价值链有三个含义：其一，企业各项活动之间都有密切联系，如原料供应的计划性、及时性和协调一致性都与企业的生产制造有密切联系；其二，每项活动都能给企业带来有形无形的价值，如服务这条价值链，如果密切注意顾客所需或做好售后服务就可以提高企业信誉，从而带来无形价值；其三，不仅包括企业内部各种链式活动，更重要的是，还包括企业外部活动，如与供应商之间的关系、与顾客之间的联系。

(二) 价值链分析

价值链分析将企业视为互为联系的活动的集合体，通过分析各项活动的成本，使成本与其相关活动紧密联系在一起。价值链分析通常在业务单位这一层面进行，旨在辨别企业业务活动的成本结构。价值链分析的内容通常包括：

1. 企业内部价值链分析

内部价值链分析就是不仅要关注生产过程，而且要关注生产前和生产后的作业活动，以找出它们之间的内在联系，最终达到降低产品成本的目的。

2. 外部价值链分析

即与供应商和顾客之间的关系分析。供应商不仅生产企业用于价值链的一种产品或服务，而且在其他方面也影响着企业，如供应商发货频繁可以降低企业的库存需求。顾客也有其价值链，如那些订量少、事先不确定的顾客成本比那些订货量大、事先确定的顾客成本要高。

3. 价值系统分析

包括上游价值链供应商的活动、成本和收益；企业价值链生产商的活动、成本和收益；下游价值链销售商的活动、成本和收益。

（三）企业价值体系分析

除了分析公司自身拥有的价值链之外，波特认为还需要研究企业外部价值链。企业自身仅仅是规模更大的增值系统的一部分。这个增值系统包括供应价值链、分销价值链及客户价值链，如图 2-4 所示。企业外部价值链分析是一种产业分析，将上游企业、下游企业和同行竞争者列出，并找出主要供应商（上游企业）及主要顾客（下游企业），作出成本与利润分析，最后决定良好的并购、外包以及与供应商、与顾客联盟合作等策略。

（a）处于一个行业的公司

（b）处于多个行业的公司（拥有不同的业务单元，每一个单元都拥有自己的价值链）

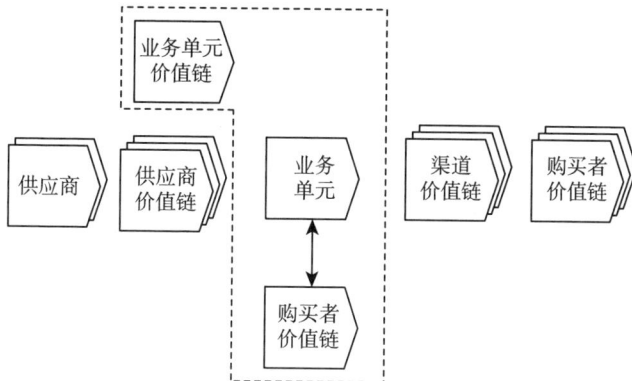

图 2-4　企业价值系统示意图

（四）企业价值链、价值系统与竞争优势

价值链和价值系统分析会为公司实现价值增值提供一些必要的信息。对于那些仅仅拥有一种产品组合的公司来说，这种产品组合可能在产品或服务上存在着一些共性，例如：一种通用的原材料、一个共同的分销商等。

上述这些共性可能与发展竞争优势有关。由于这些共性对于组织来说具有独特性，因此，这些关系对于战略发展是非常重要的，拥有这些关系的组织相对于那些不具备或者很难发展这种关系的竞争对手有更大的优势。波特认为，公司在实现发展战略时所需的竞争优势仅仅通过价值链和价值系统本身是无法实现的。竞争对手通常能够模仿公司的行为，但是竞争对手很难模仿的是组织价值链和价值系统的要素之间特殊而独特的关联。图 2-5 说明了这种情况。

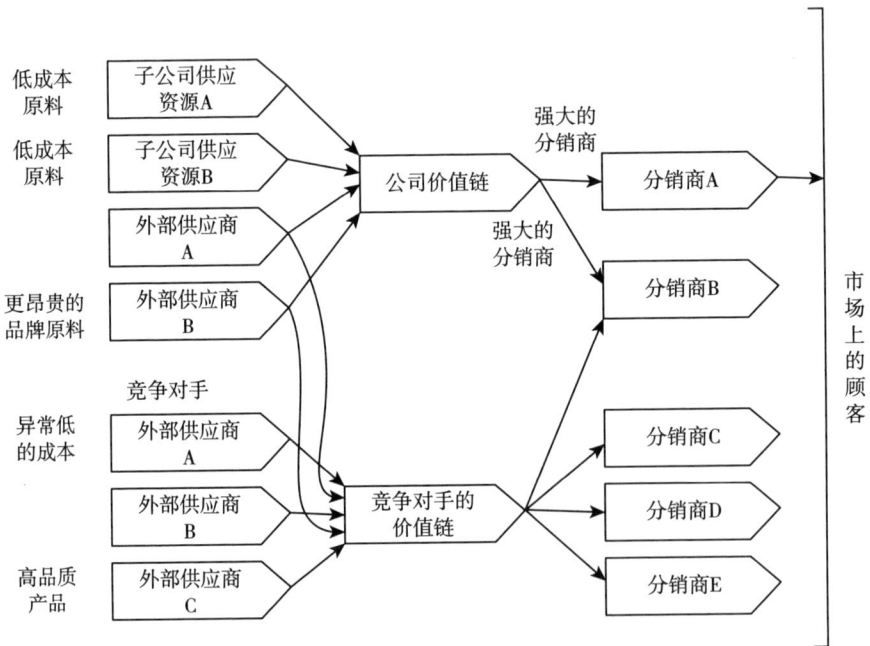

图 2-5　价值链、价值系统与竞争优势关系

许多产业的价值链都可分为两段，上游和下游各一半。例如石油化工产业，上游指的是原油勘探、钻井，把原油运输到炼油厂，而下游指的是石油精炼，以及把汽车用油和精炼油运输和销售给分销商和零售加油站。这样，每家石油公司所经营的范围均不太一样，Maxus Energy 公司只负责石油开采与石油提炼，Limited Stores 公司只负责下游的加油站经营。Chevron 公司虽然经营范围较大，但其炼油厂 50% 的原油是外购的，而且只有 2/3 的

汽油经过自己的加油站卖出。在分析一个产品的完整价值链时，即使一个企业在整个产业链上运营，它通常也只在自己的主要活动上有专长。企业应该把重点放在对企业最重要的那部分价值链上，也正是在这些领域，企业拥有最大专长与能力，即核心竞争力。

第二节　种业企业并购整合风险管理及其特点

一、种业企业并购整合风险生成机理及来源

（一）种业企业并购整合风险及其生成机理

种业属于技术密集型、资金密集型行业，居于农业产业链的上游，其产业链从新种子的培育开始，通过实验、繁育、推广等环节，最后才被农户采用，具有环节多、周期长、涉及要素复杂等特点。种业的价值链是在选种、育种、生产、加工、包装、销售及其服务等环节基础上提炼与发展起来的，由于诸多环节具有开发管理难度大、投资数额多、周期长等特点，使种业整合成功率低、风险大，阻碍了种业并购整合的有效进行。

在企业并购整合实施过程中，一般要经历尽职调研、接触和谈判、签订协议、签订并购意向书、履行应当的谨慎义务、签订并购协议、报政府有关部门备案审查以及并购后一体化整合等八个环节。种业企业并购整合风险的生成机理都与此过程密切相关。种业并购整合风险是指种业企业在并购整合过程或结束后，不能达到预先设定的整合目标的可能性以及因此而产生的对种业企业的正常经营活动、经营结果和经营管理所带来的影响程度。主要包括种业企业在经过一系列并购运作之后，由于战略目标、人员、资金、业务、企业文化等原因，或导致并购半途而废，或并购后企业的盈利无法弥补为并购所支付的各种成本，或并购后的企业无法有效进行战略整合、业务整合、市场整合、组织整合、财务整合和企业文化整合，难以实现并购整合战略目标，导致种业企业整体管理失效或失控。因此，有效控制企业并购整合风险可以大大提高企业并购整合的成功率。

种业并购整合作为一项风险较高的资本经营活动，其并购整合风险有其独特的生成机理，并伴随整个种业并购整合过程，从制定种业并购整合战略，选择并购目标企业、科研院所、营销机构等标的物，拟定种业企业并购

方案，种业企业并购谈判签约，再到种业企业并购接管和种业整合的全过程中，种业企业并购整合的风险源不同，种业企业并购整合风险的生成过程和生成机理也不完全相同。基本可以分解为四个方面：

（1）并购方购买的一项业务是否符合企业发展战略目标，是否与自身战略相匹配，业务是否有互补性，并购整合能否产生协同效应。并购整合后若产生了内耗，公司的价值将会随之衰减。

（2）可能存在对目标企业或其他标的物了解不够、信息不对称，导致对收购标的物支付额外的财务费用，加大企业并购整合资金负担。

（3）由于管理团队缺乏并购整合经验，加之忽视政策、沟通和企业文化等无形因素，可能导致并购整合过程中发生碰撞、摩擦和争议。

（4）由于对并购整合技术方案设计不周，造成并购后在战略整合、业务整合、市场整合、组织整合、财务整合等方面的困难，使其难以实现整合战略目标。上述潜在的风险因素随着并购整合过程的深入而逐步强化，并购整合风险也会逐步生成并凸显出来。

（二）种业并购整合风险来源

种业并购整合风险来源于种业并购整合的全产业链、全部参与主体和全部要素。在我国种业全产业链上，从品种选育时种子资源收集、技术研发等环节开始，到种子销售环节结束；涉及科研院所的科研机构、种子生产企业、加工企业、销售企业和种子使用对象（农户）以及对全产业链形成影响的资金、技术、管理等生产要素。相对来说，我国种业全产业链研发环节薄弱，体制机制问题不少；销售环节精细化服务刚刚起步，为顾客和农民提供精细化服务方式、手段等准备不足。因此，与其他企业相比，种业企业及其并购整合有其特殊性。

从种业企业及其并购整合的特殊性来看，种业并购整合风险的来源主要有：

1. 科技含量高，创新性强

种业企业中新种子的培育工作，往往具有很高的科技含量，正是由于其拥有很高的创新性，使种子培育工作有很大的附加值。种业企业在新品种的培育过程中，不但要考虑种子培育本身的技术难度，还需要对其辅助生产技术进行衡量，过多的不确定性，造成了种业企业研发项目的高风险性。

2. 商业化存在较大不确定性

为了将优质产品推向市场，获取高额利润，种业企业会投入大量资源开展研发和生产活动，而市场商业化过程的失败则意味着所有的前期努力和投入都打了水漂。在种业企业推广产品的过程中，与市场相关的风险主要包括：市场需求的不确定性，市场容量的不确定性，营销活动是否有效的不确定性和市场竞争的风险性。

3. 资金需求量大

种业企业的资金需求有其自身特点：资金需求持续性强，频率较高。比如科研资金投入在品种生命周期中往往呈几何级数增长。如果多个阶段的资金压力不断积压，可能为企业发生财务问题埋下隐患，种业企业的这种资金需求特征大大增大了企业的财务风险。

4. 无形资产地位突出

种业企业主要以开展新品种的研发以及利用新品种代替传统品种等活动为主，活动成果主要为无形资产。无形资产通常以植物品种权的形式存在，且在种业企业总资产中的占比较大，若企业发生财务危机，无形资产可能迅速贬值，进一步导致企业偿债能力降低，扩大企业财务风险。

二、种业企业并购整合风险类型

依据我国种业全产业链构造与种业企业并购整合的特殊性，可以从种业企业外部环境与内部环境两方面探讨其并购整合风险。其中，外部环境风险主要包括自然环境风险与政策环境风险；内部环境风险主要有技术风险、财务风险、管理风险、人员风险和营销战略风险。种业并购整合风险主要表现在：

（一）外部环境风险

1. 自然环境风险

由于种业企业产品的自然特性，使其对所在的地理位置，拥有自然资源的数量、质量都有较高的要求，这些条件会对企业的绩效产生很大的影响。同时，由于种业的生产特性，自然灾害对种业的影响要远远超过制造业、运输业等其他行业。自然灾害的发生，对种业企业造成的危害非常大。正是由于自然环境风险的不确定性，加大了种业企业的并购整合难度。

2. 政策环境风险

由于种业发展关系到国计民生，对我国社会经济环境的平稳运行起到了相当大的促进作用，使其很大程度上受国家政策环境的影响。国家政策虽然不会发生频繁变化，但是一旦发生政策变化，往往会使种业企业的经营运转产生巨大的改变。特别是当新的品种要进入某一区域、挤占当地种业企业的市场份额，地方市场壁垒可能会阻碍种业企业新产品的推广与销售。

（二）技术风险

1. 企业技术积累不成熟

新品种的培育，本质上就是科学技术的创新。在新品种培育过程中，技术创新的困难往往远超预期，有些品种虽然其市场预期很有吸引力，在最初设想阶段，技术上也是可行的，然而在进行新品种培育时，就会发现许多技术积累不足，如某一技术难点依旧没有攻克。如果对整个育种方案进行修改，又需要别的一些技术支持，而种业企业可能没有相对应的知识储备和资金支持，导致整个新品种培育计划的破产。

2. 技术的飞速变革与激烈竞争

种业企业在制定一个新品种的培育计划时，新品种的质量具有相当大的竞争优势与市场潜力，但一个新品种的研发项目持续时间较长，通常以年为单位。当这个研发项目最终结束时，新的技术或许已经出现，更好的种子或许已经被培育出来，所谓的竞争优势将荡然无存。随着培育技术的不断变革，各个种业企业都在强调创新，当某个种业企业在进行新种子研发的时候，竞争企业也在做着相似的研发工作，企业将面临很大的压力。

3. 技术成果的不确定性

当一个新的品种开发出来，逐步走向市场的时候，种业企业很难对其造成的社会影响和产生的经济收益做出准确估计。例如，某些种子产品会存在未知的副作用，如造成生态环境的破坏等，这会导致新种子的销售受到很大的限制。

4. 技术成果的不适性

种业企业培育出新的种子、开发出新的种植技术后，在产品推广过程中，还存在两个方面的问题：一方面，新种子不能满足当地农户的要求，不能适应当地的自然条件。由于我国土地面积辽阔，各个地区土地、气候存在着较大的差异，不同的地质地貌，都表现出了明显的地域差异性。另一方面，新的技术不适合在广大的农业劳动者当中推广。当前情况下，我国广大的农民群众科技文化水平还较低，大多没有受过较高的文化教育，如果新技术在使用过程中复杂繁琐，会使农户望而生畏，不利于新技术、新产品的推广。

（三）财务风险

1. 筹资风险

一般分为两种：借入型筹资风险和自有型筹资风险。对于借入型筹资，因为有明确规定的还款日期和还款金额，当种业企业由于种种因素无法按期偿还本金和利息时，财务风险提高，甚至会导致财务危机。对于自有型筹资，没有这么严格的规定，无须支付利息，可以无限期使用，其筹资风险主要是资金使用不当，造成收益未达到预期设定的目标。

2. 投资风险

种业企业通过多种途径获得资金以后，就要进行资金的使用，即进行投资。如果投资的项目未能带来企业预期的收益，那么就会引起企业盈利水平和偿债能力的下降。或者，企业投资的项目虽然带来了盈利，但是利润水平很低，没有达到银行同期存款利率，同样会降低种业企业的收益水平。

3. 资金回收风险

种业企业想要避免资金回收风险，就必须研发出产品质量高、市场需求大的品种，并对其设定合理的售价，保证种子的顺利销售，完成产品向应收账款的转变。此外，还要注意客户的经济以及信用状况，加强应收账款的回收工作，促进企业货币资金的回笼。

4. 收益分配风险

一般主要包括收益留存和发放红利两个方面，这两个方面是既相互联系、又相互矛盾的。如果种业企业正处于对外扩张期，为了提高生产规模和加快创新速度，必须有强大的资金保障；如企业以红利的形式将收益发放给广大投资者，将使种业企业的资金链产生很大风险。但是，如果投资者们长期没有得到投资回报，就会影响企业投资者的积极性，最终结果与企业未来发展预期不符。

（四）管理风险

如果管理者的管理能力偏低，企业的基础管理制度不完善，存在管理不当的地方，或者种业企业内部没有一个很好的企业风险管理文化，从管理人员到普通员工，都缺乏风险识别与控制意识，都将增大种业企业的风险。同时，种业企业组织结构的合理性也会对种业企业的经营造成影响。组织结构设置不当，将导致企业上下信息交流不便，加上没有很好的政策执行力，会严重降低种业企业的组织管理能力。

（五）人员风险

人员是种业企业的核心战略资源，人力资源风险也是企业风险的重要组成部分。如果种业企业的员工素质普遍不高，或者关键管理人员、研发人员的突然离职，都会对种业企业造成很大的风险。这些风险主要包括：企业员工素质的风险，企业关键人员离职的风险，企业员工流动的风险和企业人才培养的风险。

（六）营销战略风险

好的产品进入市场必须有好的营销战略，好品种不能得到好的推广与销售，种业企业将无法获取一定的市场份额，这会导致种业企业卖不出产品，堆积存货，不仅加大营销战略风险也加大了企业库存成本。种业企业的营销战略风险主要包括：种业企业市场定位风险、新种子定价风险和营销渠道风险等。

三、种业企业并购整合风险构成

从理论上讲，只要参与到市场竞争中，种业企业就会面临多种风险，如经营不善就会遭受损失。当市场环境越复杂，市场动态性越高，企业间业务差距越大，种业企业并购整合风险就越大。抽象地看，种业企业整合风险可以划分为：产品销售风险、价值链重构风险、企业资源损伤风险和整合能力短缺风险。如果在种业企业并购整合过程中，以上任何风险的数量或水平达到某个临界值，实施种业企业整合战略就会存在较大风险，如图2-6所示。管理者必须对有可能放大风险的事件、活动，或者易产生较大风险的环境保持高度敏感性。

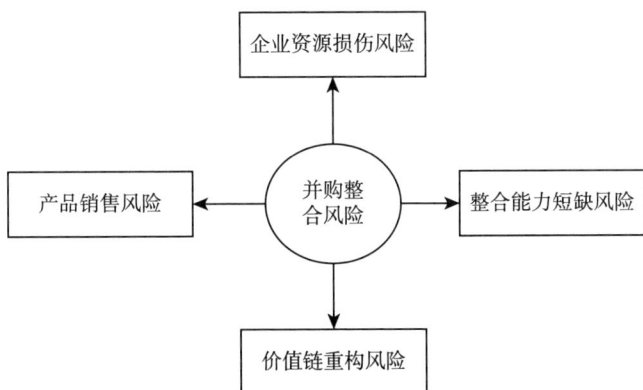

图 2-6　种业企业并购整合风险结构

（一）并购整合后产品销售风险

种业企业的首要职能就是为农户创造价值，其本质就是基于一组独特的价值链，为目标顾客提供质量高、效益好的种子产品和服务。当农户对企业提供的价值链不再感兴趣或者不再购买种子产品和服务，农户的忠诚度将大大降低，种业企业有可能逐渐失去市场。引发产品销售风险的因素是农户的需求发生了变化，主要包括：性价比更优的种子的出现，农户转向生产其他品种种子的企业，其他企业提供的售后服务更加优质等。

（二）价值链重构风险

种业企业并购整合最为重要的目标是重构、优化并购整合后的种业企业价值链。从种业企业内部角度看，管理者在实施并购整合战略时，为了帮助目标农户创造更大价值，必须重构、优化企业内部关键业务价值链。例如重构、优化新品种研发、制种、生产、加工、销售等环节，提高各环节运行效率和效益，提高产品质量。如果经常在价值链的某个或多个环节发生错误，种业企业就会面临较大的运营风险。

（三）种业企业资源损伤风险

企业战略资源损伤是指，在种业企业实施并购整合战略过程中，种质资源、金融资产、销售渠道等企业重要资源的价值和功能发生损失或者退化，这也是种业企业面临的一种战略风险，主要包括种质资源流失、现金流不足、销售渠道的使用价值大幅贬值。种业企业资源损伤风险大多是由于历史决策或行动导致的，是一种事后追溯的历史风险要素。

（四）整合能力短缺风险

产品销售风险和价值链重构风险能够反映出在当前市场条件下种业企业经营的风险水平。然而，企业并购整合战略实施要求企业实现跨期平衡管理，这不仅涉及种业企业现有的竞争力，还包括种业企业未来的竞争力和可持续发展能力。如果种业企业缺乏并购整合能力，会导致种业企业发展后劲不足。

四、种业企业并购整合风险管理特点

（一）风险管理具有整体性

种业企业并购整合风险管理具有整体性。种业企业并购整合风险管理具体是指对种业企业进行并购整合活动中所涉及的各风险因素进行相应的风险识别、评价和防范的一系列工作，是对种业企业并购整合各个阶段进行风险管理活动的有机整体，是一项系统性的工程。因此，种业企业应当将并购整合风险管理视为一个具有特定功能、目标和作用的有机整体，树立系统性的风险管理观念，以便更好地实施并购整合风险管理工作。

（二）风险管理具有骤变性

种业企业并购整合过程是一项风险性极高的资本经营活动，风险伴随其全程。从并购前期的尽职调查、政策环境分析，再到并购期的并购目标企业的选择与评估、并购签约，最后到整合期的人力、财务、技术及文化整合，因此风险管理应当根据风险因素的变化而变化。例如在并购前期或在融资过程中遇到了政策变动风险，就必然导致种业并购整合下一阶段的风险管理工作发生较大变动。其中，在种业企业并购整合过程中所存在的关键风险因素，则是种业企业并购整合风险管理的骤变点。因此，在并购整合风险管理过程中应特别注重对各个关键风险因素的观察与防控。

（三）风险管理具有层次性

本研究将种业企业并购整合过程划分为三个阶段，因此，也可将种业企业并购整合风险管理活动按照种业企业并购整合过程划分为三个层次，如并购前期的政策风险及战略风险；并购期的并购目标选择和评估风险、法律及财务风险；整合期的人力、财务、文化及技术整合风险。各层次的种业企业并购风险管理都有其特定的目标及风险管理方案，具有明显的层次性。

（四）风险管理具有选择性

种业企业并购整合风险是非结构化的，在并购整合的整个过程中通常存在种类繁多、状态各异的风险，在风险识别过程中也会存在疏漏的情况，因此，种业企业应当对并购整合风险因素进行动态识别，在风险管理方面也应当根据风险类别、风险因素的变化选择恰当的风险管理策略，以便更好地处理并购整合过程中的各项风险因素。

主要参考文献

[1] 柏娜，杨光. 全球农化领域大举并购的原因、影响和应对 [J]. 农业经济，2019（7）：106-108.

[2] 黄嫚丽，董少军. 跨国并购整合过程"黑箱"如何被打开：文献述评与展望 [J]. 管理现代化，2021，41（5）：112-115.

[3] 侯军岐，黄美霞，史春晓. 我国种业整合风险及其管理研究 [J]. 吉首大学学报（社会科学版），2017，38（1）：100-106.

[4] 蒋瑜洁. 中国企业跨国并购后的整合模式——以吉利集团并购沃尔沃汽车为例 [J]. 经济与管理研究，2017，38（7）：126-132.

[5] 李天博，齐二石，李青. 企业并购文化整合的演化博弈及动态仿真研究 [J]. 软科学，2017，31（3）：42-48.

[6] 孟凡臣，谷洲洋. 并购整合、社会资本与知识转移：基于吉利并购沃尔沃的案例研究 [J]. 管理学刊，2021，34（5）：24-40.

[7] 宁连举，等. 基于交易成本理论的商业生态系统形成与演化机制研究 [J]. 经济问题，2020（6）：8-18.

[8] 孙雪. 基于 X 集团的企业并购整合案例研究 [D]. 济南：山东师范大学，2019.

[9] 向涛. 浅谈企业并购风险 [J]. 财会月刊，2020（S1）：85-87.

[10] 王国红，等. 资源整合对企业价值链延伸的影响研究 [J]. 研究与发展管理，2020，32（4）：48-60.

[11] 王艳，徐淑芳，何竺虔. 谁更能顺水推舟？——来自并购绩效影响因素的经验证据 [J]. 管理评论，2020，32（9）：280-295.

[12] 王志刚. 企业海外并购整合风险与应对 [J]. 中国外资，2021（20）：88-89.

[13] 吴航，陈劲. 制度逻辑视角下跨国并购整合的创新机理：以并购协同为中介 [J]. 浙

江大学学报（人文社会科学版），2021，51（6）：134-148.

[14] 杨有红．整合内部控制与风险管理助推企业可持续性发展［J］．财会月刊，2022（8）：1-5.

[15] 杨紫璇．中国企业跨国并购整合研究［D］．北京：首都经济贸易大学，2019.

[16] 张兵，等．科技型企业并购与创新激励［J］．科研管理，2021，42（5）：12-20.

[17] 张留禄，刘宇畅．企业并购技术整合风险分析与评价体系构建［J］．学习论坛，2018（5）：41-46.

[18] 张宁宁．开放环境下中国种业发展研究［D］．北京：中国农业大学，2015.

[19] 赵君丽，童非．并购经验、企业性质与海外并购的外来者劣势［J］．世界经济研究，2020（2）：71-82，136.

[20] 周婷婷，王舒婷，马芳．跨国并购价值创造研究述评——距离掣肘与内生驱动视角［J］．投资研究，2021，40（1）：56-71.

[21] Coase，R. H. The nature of the firm［J］. Economica，1937（4）.

[22] Duksait and Tamosiunien. Analysis of Development Possibilities in Mergers and Acquisitions in Lithuania［R］. 2019.

[23] Geoger Stigler. The Economies of Scale［J］. Journal of Law and Economics，1958（1）.

[24] Jikun Huang, Scott Rozelle, and Ruifa Hu. Reforming China，s Seed Industry：Transition to Commercialization in the 21st Century［R］. CCAP working paper，Chinese Academy of Sciences.

[25] Jorge Fernandez-Cornejo. The Seed Industry in U. S. Agriculture［R］. the Department of Agriculture，the United States. 2004.

[26] Keith Cowling. Paul Stone-man. John Cubbium. et al. Mergers and Economic Performance：Meyer C. The second generation of speed［J］. Harvard Business Review，2001，79（4）：24-25.

[27] Michael Dietrich. Firms，Markets and Transaction Cost Economics［J］. Scottish Journal of Political Economy，1991，38（1）：41-57.

[28] Oliver Williamson. The Modern Coporation：Origins，Evolution，Attributes［J］. Journal of Economic Literature，1981（19）.

[29] Williamson，O. E. Markets and Hierarchies：Analysis and Antitrust Implications［M］. New York：free press，1975.

[30] William Comanor. Market Structure，Product Differentiation，and Industrial Research［J］. Quarterly Journal of Economics，1967（81）.

第三章　北京种业发展现状、优劣势及存在问题

种业发展符合北京发展高端产业的定位。通过对北京种业发展现状的梳理，发现北京种业拥有全国种业科研创新中心、全国种业交流交易中心以及金融和人才优势，也具有土地资源缺乏、水资源缺乏、劳动力资源不足和成本较高等劣势。北京种业在全国先走一步，围绕四大种业领域，聚焦十二大重点物种产业创新高质量发展，培育具有竞争力的优良品种、优质企业和优秀品牌，已初步形成立足北京，协同津冀，带动全国和推动种业发展的"2412 种业行动计划"战略布局。但比较缺憾的是运行到目前为止，一直缺乏通过成功的种业企业并购整合培育龙头企业带动北京种业高质量发展的机制与平台，反映出对种业企业并购整合认识不足，缺乏相关的理论知识和实践经验。

第一节　北京种业发展历程与面临机遇

一、北京种业发展历程

北京种业的发展离不开我国种业发展的大环境。伴随我国市场经济的发展及《中华人民共和国种子法》的颁布与修订，同时国家在不同发展阶段出台诸如《关于加快推进农业科技创新持续增强农产品供给保障能力的若干意见》《中共中央、国务院关于抓好"三农"领域重点工作确保如期实现全面小康的意见》《国务院办公厅关于加强农业种质资源保护与利用的意见》等政策，明确了企业作为行业的主体地位，推动种子企业的兼并与重组，鼓励大型企业并购，增加科研投入，我国种业步入法治化、产业化发展轨道。北京种业与我国种业发展的历程基本一致，可以概括为以下五个阶段。

（一）种业发展恢复阶段，即 20 世纪 50 年代初到 70 年代末

这一阶段种植种业实行"四自一辅"的工作方针，即主要依靠自繁、自选、自留、自用，辅之以必要调剂；自繁自养、发展耕牛为后来畜禽种业发展奠定了基础；水产种业实现了四大家鱼苗种的规模化生产；林果种业以国有和集体苗圃育苗为主，花卉育种研发整体发展水平较低。

（二）种业发展起步阶段，即 20 世纪 70 年代末到 90 年代初

种植种业转向"四化一供"阶段，产业发展逐渐从"事业阶段"向"产业阶段"过渡；畜禽种业的市场优势开始形成；水产育苗产业初步形成；林果花卉种业出现了以产业形式发展的雏形。

（三）种业快速发展阶段，即 20 世纪 90 年代初至 21 世纪初

种植种业开始实施"种子工程"，《中华人民共和国种子法》《北京市实施〈中华人民共和国种子法〉办法》相继颁布实施，种业步入产业化、法制化轨道；畜禽种业进入以服务科技型绿色牧业、休闲牧业、精品牧业为主要目标的快速发展阶段；水产育苗整体优势逐步上升，水产名优品种产量占总产量比重接近 40%；林果苗木育苗规模达到空前的水平，苗圃面积从 10 万亩发展到 37 万亩。"863"计划列入花卉育种内容，花卉种业的研发水平和成果转化水平得到极大提升。

（四）种业发展提升阶段，即 21 世纪初至 2020 年

"九五"末期，北京市提出大力发展包括籽种农业在内的"六种农业"。2007 年，北京市确立了开发四种功能、发展四种农业的总体思路，并将发展籽种农业作为开发农业生产功能的首要内容。北京市初步形成了种业的"三个中心、一个平台"发展格局，北京市种业的影响力和竞争力显著提升。2011 年以来，北京市建立了"10＋1＋5"新品种创新示范展示基地，"10"就是 10 个郊区县的农作物新品种试验示范展示基地，"1"就是一个国家级和市级基地，"5"就是中国农科院、北京市农科院、中国农业大学、北京农学院等已建立的种业创新孵化基地，市科委称之为优势种业企业。北京市通过搭建以通州国际种业科技园区为核心的种业创新创业服务示范园，服务全国种业发展，支持标准化、高通量的分子检测技术平台建设，搭建种质资源交流共享、研发技术服务、成果评估转化、试验展示示范、交流交易等服务平台，促进种业科研合作、科企合作。

（五）种业高质量发展阶段，即 2020 年至今

2020 年北京市出台《北京现代种业发展三年行动计划（2020—2022 年）》（以下简称《三年计划》）。《三年计划》以"立足北京、协同津冀、辐射全国"为发展思路，充分利用全市科技、人才、信息、市场、金融等富集优势，建设种业科技创新引领者、现代农业产业增长点、种业资源要素聚集地和行业监管服务样板区，努力打造全国现代种业发展高地。主要体现在：聚焦种业重大基础研究与关键核心技术创新，推动自主创新与开放创新相结合、产学研相结合、公益性研究与商业化育种相结合、央地相结合，发展具有源头性领先优势的现代种业创新链。打造全国农业"芯片"发展高地种业科技创新引领者；聚焦高价值、强带动、生态环保的种业发展优势，支持育繁推一体化企业发展，建立研发、展示、示范、推广、交易、服务一体化的产业发展模式，支撑都市型现代农业发展，构建具有行业引领辐射作用的现代种业产业链；开展国际国内种业科技交流与产业合作，推动创新资源向北京聚集，促进北京种业创新成果转化，带动京郊农业增效、农民增收，形成种业上下游紧密结合的现代种业价值链；聚焦监管体系和服务能力现代化，强化知识产权保护，构建信息化监管能力，发展社会化服务平台，营造良好创新创业生态系统与公平公正营商环境，建立一流的现代种业服务链，打造行业监管服务样板区。

二、面临机遇

（一）种业问题受到国家前所未有的重视

2020 年 2 月 5 日《中共中央、国务院关于抓好"三农"领域重点工作确保如期实现全面小康的意见》出台，实施意见明确提出，要加大对大豆高产品种和玉米、大豆间作新农艺推广的支持力度；加强农业生物技术研发，大力实施种业自主创新工程，实施国家农业种质资源保护利用工程，推进南繁科研育种基地建设。2020 年 12 月中央经济工作会议明确要抓好 8 项重点任务，其中"解决好种子和耕地问题"引人注目。加强种质资源保护和利用，加强种子库建设。开展种源"卡脖子"技术攻关，立志打一场种业翻身仗。

（二）种质资源上升到国家粮食安全战略高度

2020 年 2 月 11 日，《国务院办公厅关于加强农业种质资源保护与利用

的意见》（以下简称《意见》）正式印发，这是新中国成立以来首个专门聚焦农业种质资源保护与利用的重要文件，开启了农业种质资源保护与利用的新篇章，明确提出农业种质资源是保障国家粮食安全与重要农产品供给的战略性资源，是农业科技原始创新与现代种业发展的物质基础。《意见》确立了"四大核心任务"。一是通过开展系统收集保护，实现应保尽保。二是通过搭建种质资源鉴定评价与基因发掘平台，建立鉴定评价体系，强化鉴定评价。三是通过创新保护机制、确定保护单位、开展农业种质资源登记，建设全国统一的农业种质资源大数据平台，健全保护体系。四是通过实施优异种质资源创制与应用行动，建立国家农业种质资源共享利用交易平台等，推进多元化开发利用。

（三）采取重要举措保护知识产权

2020 年 3 月 28 日，全国种业知识产权保护线上会议提出，要加快修订新品种保护条例，建立配套的 EDV（实质性派生品种）强制许可制度，分作物分区域分主体逐步实施，并准备 EDV 鉴定指南和纠纷调处程序。同年 12 月 20 日，国家水稻良种重大科研联合攻关推进会上进行了水稻攻关组试点 EDV（实质性派生品种）制度签字仪式，9 家单位负责人代表出席签约仪式并签署承诺书，共同承诺从 2020 年 12 月 20 日起在 36 家攻关单位间试行 EDV 制度，激励水稻育种原始创新。此次 EDV 签约标志着我国水稻种业体制机制创新迈出重要一步。

（四）北京种业被赋予更为显耀地位

2020 年北京市出台《北京现代种业发展三年行动计划（2020—2022年）》。《三年计划》以"立足北京、协同津冀、辐射全国"为发展思路，努力打造全国农业"芯片"发展高地；北京市通过探索举办"1＋N"系列种业大会，打造集新品种展示、成果推广、贸易谈判、产业交流于一体的综合性种业盛会，搭建北京种业交易交流服务平台，彰显北京在全国种业行业的示范窗口作用。2020 年 10 月 21 日国家（北京）种业智库在北京成立，种业智库本着立足北京，面向全国，聚焦粮食作物、畜禽和水产等领域的种业发展关键问题，以产业发展为导向，汇聚国际国内种业的优势资源，开展政策研究、行业交流、国际合作等工作，发挥首都科研资源、高层次人才和创新型企业的资源聚集优势和引领性作用，服务现代种业的先行先试活动。

第二节 北京种业发展现状

一、种业企业发展现状

2011 年以来，北京种业通过构建"良种创制—成果托管—技术交易—良种产业化"的发展思路，强化种业企业主体地位，使其得到了长足发展。2016 年 8 月新修订的《农作物种子生产经营许可管理办法》（以下简称《办法》）施行以来，生产经营"两证"合一及审批权下放，特别是北京市进一步加大"放管服"工作力度，不断精简审批申报材料，给种子企业提供很多便利，加之《办法》在企业的许可资质方面，不再要求注册资本及固定资产，这些政策的施行使北京市持证企业数量逐年增加，同时企业间的兼并重组及企业规模不断发展壮大，也使北京市育繁推一体化企业由 8 家增至 13 家。

（一）种业企业数量与类型结构

截至 2020 年底，北京市共有持证种子生产经营企业 303 家，较 2019 年增加 38 家（增加的企业中，6 家为部级发证，4 家为省级发证，28 家为区级发证）。

按发证机关分，部级发证企业 35 家（外资企业 10 家、进出口企业 24 家，转基因棉花种子企业 1 家），省级发证企业 41 家（育繁推一体化企业 13 家，"两杂"种子企业 26 家、蔬菜种子企业 2 家）；区发证企业 227 家。

按企业所有权属分，内资种子企业 293 家，其中民营企业 286 家，国有企业 7 家；外资企业 10 家，其中中外合资企业 5 家，外商独资企业 5 家。

按经营范围分，经营粮食作物种子企业 49 家，其中包括玉米种子企业 46 家、水稻种子企业 4 家、小麦种子企业 15 家（有些企业经营多种品种）；大豆种子经营企业 2 家；蔬菜作物种子企业 227 家，其中包括西瓜种子企业 10 家，大白菜种子企业 8 家，食用菌菌种企业 1 家；马铃薯种薯企业 3 家，草莓种苗企业 14 家。

（二）企业从业人员数量及结构

2020 年北京市种子企业职工总数为 8 173 人，本科及以上学历 3 597 人，本科以上学历占职工总数的 44％，企业从业人员素质整体较高。企业科研人员总数为 1 879 人，占职工总数的 23％。

（三）企业科研投入情况

2020 年北京市种子企业科研投入持续增长，总投入为 7.13 亿元，较 2019 年增加 4％，企业投入集中度较高，主要为规模企业，其中投入前十名的种子企业总投入为 4.03 亿元，占全市种子企业科研总投入的 56.5％。

全市种子企业科研总投入占销售额 5％以上的企业有 79 家，其中 13 家育繁推一体化企业科研总投入 4.15 亿元，占全市企业总投入的 58.2％，占比其销售额的比重平均为 11％。2020 年北京市种业企业科研投入前十位企业见表 3 - 1。

表 3 - 1　2020 年北京市种业企业科研投入前十位企业

排名	企业名称	排名	企业名称
1	中国种子集团有限公司	6	先正达种苗（北京）有限公司
2	北京金色农华种业科技股份有限公司	7	北京华农伟业种子科技公司
3	北京联创种业有限公司	8	北京金色丰度种业科技有限公司
4	北京大北农生物技术有限公司	9	纽内姆（北京）种子有限公司
5	中农发种业集团股份有限公司	10	北京世农种苗有限公司

（四）企业生产情况

1. 种子总体生产情况

2020 年北京市种子生产企业制种面积为 104.49 万亩，较 2019 年减少 6.11 万亩，减幅为 5.52％。2020 年共计生产各类种子 37 367.15 万千克，比 2019 年减少 8 272.18 万千克，减幅 18.13％，生产各类苗木 6 086.51 万株。

2. 各作物种子生产情况

2020 年北京市种子企业生产各类作物种子中仍以玉米、小麦、水稻为主。三大粮食类作物种子总生产面积为 95.03 万亩，占全市企业种子生产总面积的 90.95％；共生产粮食作物种子 36 819.71 万千克，占全市企业种子生产总量的 98.53％。与 2019 年度生产数据相比，粮食作物种子生产量减少 6 809.97 万千克，减幅为 15.61％。2020 年全市企业杂交玉米种子总生产面积 34.10 万亩，比上年减少 5.56 万亩，减幅 14.02％。共计生产杂交玉米种子 14 435.76 万千克，比上年减少 2 564.99 万千克，减幅 15.09％。

全市企业小麦繁种面积 44.20 万亩，比上年度减少 3.96 万亩，减幅 8.23%，共生产小麦种子 18 674.77 万千克。杂交水稻与常规水稻种子生产总面积 16.73 万亩，比上年减少 0.56 万亩，减幅 3.24%，共生产水稻种子 3 709.18 万千克，比上年减少 80.1 万千克，减少 2.11%。

3. 在京生产情况

由于甘肃、新疆等地制种产量高品质好，北京市玉米企业选择在京制种的很少，且呈逐年减少的趋势，仅保留少量有制种历史的几个山区乡镇，2020 年只有两家企业落实本地制种面积 0.113 万亩，比上年减少 0.062 万亩，减幅为 35.43%，共生产杂交玉米种子 36.5 万千克。

2019—2020 年度，北京市 3 家企业在顺义、平谷、房山进行小麦繁种，共收获小麦繁种面积 0.49 万亩，收获繁种小麦 240 万千克。最大生产品种为"航麦 247"，收获面积 0.3 万亩，繁种 150 万千克。

4. 2011—2020 年生产情况分析

自 2011 年以来，粮食作物种子生产一直是北京市企业种子生产的主体，粮食作物种子生产面积始终占全市种子企业生产面积九成以上，其中玉米和水稻种子生产在全国也占有很大的份额，因此北京市企业玉米和水稻种子的生产变化也反映出全国这 10 年来的发展变化。

北京市玉米种子制种面积最高位发生在 2011 年和 2012 年，2012 年全市玉米制种企业总制种面积达 54.33 万亩，约占当年全国总制种面积的 20%，制种量的加大导致 2013—2015 年，全国玉米、水稻、小麦种子严重供大于求，企业库存屡创新高，为消耗库存，自 2016 年开始，企业及时调整生产计划，制种面积逐渐下调。2018 年，种植结构调整，调减"镰刀湾"地区玉米种植面积，企业适应市场变化，2018 年杂交玉米种子生产面积有较大变化（图 3-1）。

小麦种子生产方面，受自然资源条件限制，北京市 62% 为山地，38% 为平原，可耕地面积较小，加之实施"调转节"政策，北京种业企业本地生产面积持续减少，从 2011 年的 11 万亩减至 2020 年的 0.6 万亩，减少较多（图 3-2）。2016 年，作为北京市最大的小麦种子生产企业，亿兆益农进行企业改制，停止生产经营活动，导致生产数据变化较大。亿兆益农作为北京市小麦繁种的核心企业，每年小麦繁种面积一直在 2.5 万～3.1 万亩，占比

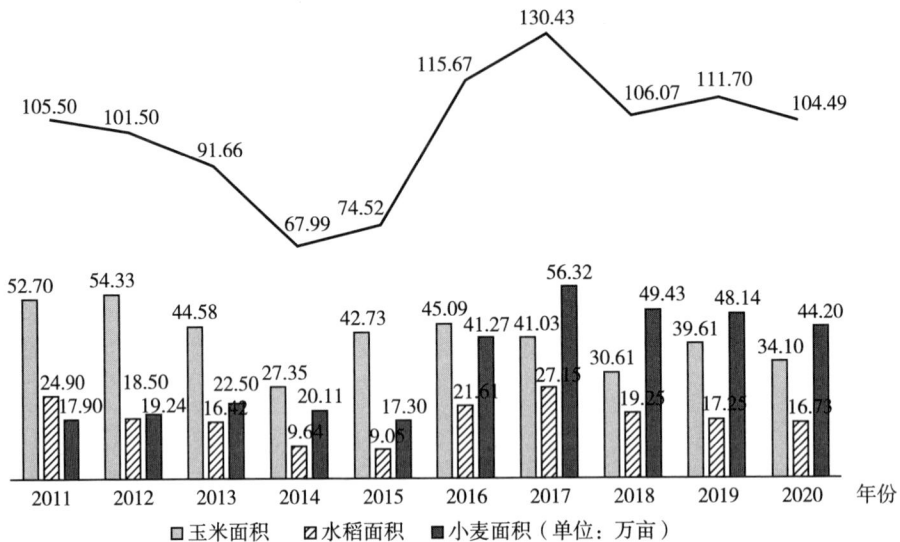

图 3-1　2011—2020 年全市企业粮食作物种子生产情况

68％以上，对北京市企业本地种子生产面积影响较大。2016 年北京市新增中农发种业集团股份有限公司，该公司小麦种子繁种量大，但以外埠为主。2017 年，新增中农集团种业控股有限公司。该公司同样有较大面积的小麦繁种。

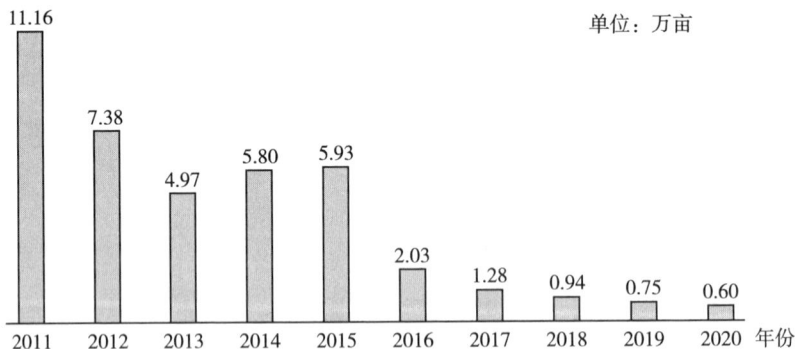

图 3-2　2011—2020 年北京市小麦种子生产情况

（五）企业资产和利润

1. 企业资产情况

2020 年北京市种子企业资产总计 185 亿元，固定资产合计 25.99 亿元，资产过亿元企业总计 25 家。从统计来看，全市总资产过亿元的企业主要集中在海淀区、西城区和朝阳区（表 3-2）。

表 3-2　各区种子企业资产分布情况

区县	总资产（亿元）	固定资产（万元）	总资产≥1 亿元企业数	固定资产≥5 000 万元企业数
海淀区	59.4	61 947	10	3
昌平区	4.95	13 887	1	0
通州区	7.22	4 441	1	0
朝阳区	31.36	27 660	3	2
大兴区	5	17 984	1	1
房山区	0.6	4 000	0	0
丰台区	3.46	5 136	1	0
平谷区	0.7	2 779	0	0
顺义区	7.48	6 844	3	0
延庆区	1.62	11 192	1	1
怀柔区	1.26	1 276	0	0
石景山区	0.83	0	0	0
西城区	57.69	99 591	3	3
密云区	1.13	1 466	0	0
东城区	0.03	59	0	0

2. 企业利润情况

2020 年北京市种子企业利润总额 7.66 亿元，较 2019 年增加 27%；净利润 7.22 亿元，较 2019 年增加 55%（表 3-3）。

表 3-3　2020 年北京市各区种子企业利润分布情况

单位：万元

区县	利润	净利润
海淀区	36 348	35 723
昌平区	764	760
通州区	4 939	4 585
朝阳区	14 563	10 519
大兴区	1 628	1 562

（续）

区县	利润	净利润
房山区	20	20
丰台区	1 338	1 327
平谷区	70	60
顺义区	2 500	2 675
延庆区	47	470
怀柔区	3 975	3 975
石景山区	0.26	0.22
西城区	10 257	11 065
密云区	107	107
东城区	158	158

二、种业科研与成果现状

2020 年中国农业科学院蔬菜花卉研究所、作物科学研究所及生物技术研究中心，北京市农林科学院蔬菜研究中心、玉米研究中心及杂交小麦研究中心，中国农业大学及北京农学院 8 家科研单位得到国家级、市级各类科研资金投入 4.12 亿元，较上年度下降了 26%，其中隶属于北京市的四家科研单位科研经费共计 0.90 亿元，较上一年度有所增长，隶属于中央的四家科研单位经费共计 3.22 亿元。2020 年北京市种子企业科研投入持续增长，总投入为 7.13 亿元，较上年增加 4.39%，企业科研投入集中度较高，多为规模企业，其中投入前十名的种子企业总投入为 4.03 亿元，占全市种子企业科研总投入的 56.5%。

（一）育种发明专利申请及授权情况

2020 年，我国共公开育种发明专利申请 3 069 件，其中大专院校 1 230 件，科研单位 1 070 件，企业 663 件，个人 89 件、其他类型（机关团体等）17 件。2020 年共公开育种发明专利授权 1 468 件，其中大专院校 650 件，科研单位 580 件，企业 216 件，个人 11 件，其他类型（机关团体等）11 件。

2020 年公开的北京市育种发明专利申请为 384 件，占全国育种发明专利申请总量的 12.51%，位于全国首位；育种发明专利授权 344 件，占全国发明总授权量的 23.43%，位居全国首位。在公开的育种发明专利申请中，来自大专院校的申请为 99 件，占全市申请量的 25.78%，其中中国农业大学以 62 件申请量位居各大学之首，占全市申请量的 16.15%，占全国总申请量的 2.02%；来自科研单位的申请为 241 件，占全市申请量的 62.76%，其中国农业科学院作物科学研究所以 68 件的申请量位居各科研单位之首，占全市申请量的 17.71%，占全国总申请量的 2.22%；来自企业的申请量为 36 件，占全市申请量的 9.38%，其中北京大北农生物技术有限公司以 8 件的申请量位居企业首位；个人申请 7 件，占全市申请量的 1.82%，其他类型单位申请 1 件（表 3-4）。

表 3-4　2020 年北京种业企业育种发明专利申请和授权量分布情况

单位：个

序号	申请单位	申请量	授权量
1	北京大北农生物技术有限公司	8	6
2	未名生物农业集团有限公司	7	
3	中农智能装备有限公司	1	
4	中国种子集团有限公司	1	35
5	中国长江三峡集团有限公司	1	3
6	先正达生物科技（中国）有限公司	1	
7	克劳沃（北京）生态科技有限公司	1	
8	科稷达隆生物技术有限公司	1	
9	金苑（北京）农业技术研究院有限公司	1	
10	嘉禾源硕生态技术有限公司	1	
11	航天神舟生物科技有限公司	1	
12	国药种业有限公司	1	
13	北京中农富通园艺有限公司	1	
14	北京未名凯拓作物设计中心有限公司	1	
15	北京天力宏泰科技发展有限公司	1	
16	北京莲顺农业开发有限公司	1	
17	北京兰春樱园园林绿化有限公司	1	
18	北京兰德萨农业科技有限公司	1	
19	北京花乡花木集团有限公司	1	

（续）

序号	申请单位	申请量	授权量
20	北京花乡花卉科技研究所有限公司	1	
21	北京大道东圣生物科技有限公司	1	
22	北京成禾佳信农发贸易有限公司	1	
23	北京艾比善生物科技有限公司	1	
24	北京首佳利华科技有限公司		3
25	北京大北农科技集团股份有限公司		2
26	未名兴旺系统作物设计前沿实验室（北京）有限公司		1
	合计	36	50

注：本部分以第一申请单位进行统计，其他类型和机关团体统计在教学科研中。

2020 年，全国公开转基因育种发明专利申请 1 557 件，授权 992 件，其中北京市申请 302 件，授权 306 件，均居全国首位，分别占全国申请量和授权量的 19.40％和 30.85％。其中中国农业科学院作物科学研究所以 65 件申请量、51 件授权量位居各单位之首。

（二）品种审定及授权情况

1. 国审情况

2020 年，国家品种审定委员会共审定品种 1 599 个，其中北京市大专院校及科研单位、种业企业通过审定品种 237 个，占国审总量的 14.82％，位居全国首位。涉及玉米（171 个）、水稻（56 个）、小麦（5 个）、大豆（3 个）、棉花（2 个）五种作物。其中玉米审定品种数占国审玉米品种总量的 20.24％，水稻、小麦、大豆和棉花对应占比分别为 9.76％、4.72％、6.25％和 7.69％。通过国审的 237 个品种来自全市 40 家单位，包含 34 家种业企业、6 家教学科研单位。其中，中国种子集团有限公司以 37 件的申请量位居各单位之首（表 3-5）。

表 3-5　2020 年北京种业企业国审品种分布情况

单位：个

序号	申请单位	玉米	水稻	合计
1	中国种子集团有限公司	5	32	37
2	北京金色农华种业科技股份有限公司	6	17	23

（续）

序号	申请单位	玉米	水稻	合计
3	北京联创种业有限公司	20		20
4	北京华农伟业种子科技有限公司	18		18
5	中地种业（集团）有限公司	9		9
6	德农种业股份公司	9		9
7	北京顺鑫种业科技研究院有限公司	8		8
8	北京中农斯达农业科技开发有限公司	7		7
9	北京屯玉种业有限公司	6		6
10	中农发种业集团股份有限公司	5		5
11	北京联丰良种技术有限公司	5		5
12	北京中农金科种业科技有限公司	4		4
13	北京新实源丰种业有限公司	4		4
14	北京顺鑫农科种业科技有限公司	4		4
15	北京保农种业有限公司	3		3
16	垦丰科沃施种业有限公司	2		2
17	北京舍得方硕农业发展有限公司	2		2
18	北京龙耘种业有限公司	2		2
19	北京粒隆种业科技有限公司	2		2
20	北京金农科种子科技有限公司	2		2
21	北京德农北方育种科技有限公司	2		2
22	先正达种苗（北京）有限公司	1		1
23	北京中农金玉农业科技开发有限公司	1		1
24	北京中农华瑞农业科技有限公司	1		1
25	北京中农大康科技开发有限公司	1		1
26	北京远东种业有限责任公司	1		1
27	北京四海种业有限责任公司	1		1
28	北京华耐农业发展有限公司	1		1
29	北京华奥农科育种开发有限责任公司	1		1
30	北京登海种业有限公司	1		1
31	北京大京九农业开发有限公司	1		1
32	北京大成全息科技有限公司	1		1

（续）

序号	申请单位	玉米	水稻	合计
33	北京奥瑞金种业股份有限公司	1		1
34	爱恩德纳（北京）国际生物科技发展有限责任公司	1		1
	合计	138	49	187

2. 省审情况

2020 年，全国各省共计审定品种 3 935 个（包含同一品种在不同省份同时审定的数据），北京市各单位及个人通过省级审定品种数量为 68 个，占总省审品种的 1.73%，位居全国第 21 位。68 个品种来自全市 28 家育种单位。其中种业企业通过审定品种 42 个（表 3-6），占总量的 61.76%，教学科研单位通过审定品种 26 个，占总量 38.24%。其中，中国农业科学院作物科学研究所以 9 个审定品种位居各单位之首。68 个品种涵盖五种作物，包括玉米 48 个、水稻 11 个、小麦 5 个、大豆 3 个和 1 个棉花，五种作物通过省审数量分别占全国省审品种总量的 2.42%、0.82%、1.88%、1.05% 和 1.61%。2012—2020 年间，北京市种业企业审定数量占比逐年增高（表 3-7）。

表 3-6　北京种业企业省审品种分布情况

单位：个

序号	申请单位	玉米	水稻	大豆	合计
1	北京中农斯达农业科技开发有限公司	8			8
2	北京华耐农业发展有限公司	7			7
3	北京中农同丰科技有限公司	4			4
4	北京金色农华种业科技股份有限公司	2	2		4
5	中国种子集团有限公司		3		3
6	北京中邦泰和农业科技有限公司	2			2
7	北京中农大康科技开发有限公司	2			2
8	中农集团种业控股有限公司	1			1
9	先正达种苗（北京）有限公司	1			1
10	景福源（北京）科技有限公司	1			1
11	东方正大种子有限公司	1			1

（续）

序号	申请单位	玉米	水稻	大豆	合计
12	东方裕农（北京）科技有限公司	1			1
13	北京绿亨玉米科技有限公司	1			1
14	北京刘大叔生物科技有限公司			1	1
15	北京九圣禾农业科技研究院有限公司	1			1
16	北京华农伟业种子科技有限公司	1			1
17	北京华奥农科玉育种开发有限责任公司	1			1
18	北京北农睿丰农业科技有限公司		1		1
19	北京保民种业有限公司	1			1
	合计	35	6	1	42

表3-7 2012—2020年北京市教学科研单位和企业审定品种数量比较

单位：个

年度	国审品种		省审品种		企业合计	企业占比（%）
	企业	教学科研	企业	教学科研		
2012	4	5	12	12	16	48.48
2013	2	2	48	7	50	84.75
2014	6	6	65	10	71	81.61
2015	9	9	68	6	71	83.70
2016	8	6	59	12	67	78.82
2017	58	6	55	33	113	74.34
2018	111	40	55	49	166	65.10
2019	114	26	37	29	151	73.30
2020	187	50	42	26	229	75.08
合计	499	150	441	184	940	73.86

注：科研单位中包含个人育种情况。

（三）植物新品种保护情况

2020年，全国共公开植物新品种权申请5 515件，其中北京市申请446件（包括28个作物种类），占全国申请公开总量的8.09%，位居全国第二（河南第一，550件）；2020年，全国共公开授权品种2 549件，其中北京

286 件，占全国授权量的 11.22％，位居全国首位（参见表 3-8）。

表 3-8　2020 年北京市主要种业企业品种权申请及授权情况

单位：个

序号	申请单位	申请量	授权量
1	北京金色丰度种业科技有限公司	47	4
2	北京新锐恒丰种子科技有限公司	46	
3	北京九圣禾农业科学研究院有限公司	16	
4	北京中农斯达农业科技开发有限公司	19	9
5	中地种业（集团）有限公司	14	7
6	中国种子集团有限公司	14	8
7	北京联创种业有限公司	13	18
8	德农种业股份公司	12	6
9	京研益农（北京）种业科技有限公司	11	1
10	北京屯玉种业有限责任公司	10	
11	北京粒隆种业科技有限公司	9	7
12	北京大北农生物技术有限公司	6	
13	北京农联双创科技有限公司	6	
14	北京新实泓丰种业有限公司	5	4
15	北京华耐农业发展有限公司	4	4
16	北京金色华农种业科技股份有限公司	4	27
17	北京丰捷一佳农业科技有限公司	4	
18	未名兴旺系统作物设计前沿实验室（北京）有限公司	4	
19	北京金农种子科技有限公司	3	
20	中奉天禾（北京）农业生物技术有限公司	2	6
21	北京四海种业有限责任公司	2	
22	北京贝多农业科技有限公司	2	
23	北京优种优栽科技服务有限公司	2	
24	北京中农金玉农业科技开发有限公司	2	
25	北京棕科植物新品种权管理有限公司	2	
26	金苑（北京）农业技术研究院有限公司	1	
27	北京中农同丰农业科技有限公司	1	

（续）

序号	申请单位	申请量	授权量
28	北京中农大康科技开发有限公司	1	2
29	北京满田种子科技发展有限公司	1	
30	北京利园成田种苗有限公司	1	
31	北京大一韩日国际种苗有限公司	1	
32	北京天葵立德种子科技有限公司	1	
33	北京华农伟业种子科技有限公司		25
34	北京顺鑫农科种业科技有限公司		16
35	纽内姆（北京）种子有限公司		2
36	北京天卉源绿色科技研究院有限公司		2
37	北京中农富通园艺有限公司		2
38	北京市花木有限公司		1
39	绿亨科技股份有限公司		1
40	北京世农神苗有限公司		1
	合计	266	148

三、种业交易交流现状

北京搭建了种业发展服务平台，辐射、带动效应显著增强，搭建了"10＋1＋5"农作物品种试验展示网络框架，构建了北京林木种苗网、花卉网、果树网等网络平台，每年有几千个国内外品种在京郊进行试验示范，吸引了来自国内外数百个科研、企业与生产单位数千人参观、考察和观摩。北京市已拥有一批在国内外具有较大影响力的种业品牌，如"中蔬""京研""一特""奥瑞金""中育""华都""顺鑫""金星鸭业"等，北京逐步成为国内外种业发展的核心。

（一）总体销售情况

2020 年北京市农作物种子企业总销售量为 4.32 亿千克，比 2019 年增加 9%，其中部级发证企业销售量为 0.5 亿千克，占 11%；省级发证企业总销售量为 3.79 亿千克，占 88%；区级发证企业销售量为 235 万千克，占 0.5%。北京市种子企业销售以粮食作物为主，销售量为 4.21 亿千克，占总销售量的 97％。

2020 年北京市种子企业总销售收入为 58.12 亿元，与 2019 年（58.26 亿元）相比变化不大，规模企业（销售额过亿元）有 13 家，较 2019 年减少了 1 家。企业总销售收入中，国内商品种子销售收入 55.96 亿元，出口种子销售收入共计 2.15 亿元，出口国外种子为订单生产，多为外资种子企业和接收国外订单的小型区级发证种子企业生产。国内商品种子销售中，部级发证企业销售额为 11.15 亿元，占 19％；省级发证企业总销售额为 40.84 亿元，占 70％；区级发证企业销售额为 3.97 亿元，占 7％。从销售作物类型来看，粮食作物销售额仍占主导，达 44 亿元（2019 年 42.02 亿元），占总销售额的 76％。

（二）销售情况分析

1. 企业销售情况分析

2020 年北京市种业企业销售额保持平稳，全市 13 家育繁推一体化种子企业销售收入 37.42 亿元，占全市总销售收入的 64％，较 2019 年增加 8％，北京市育繁推一体化企业以玉米种子销售为主，2020 年玉米种子销售受疫情影响较小，很多企业及时调整销售方式，增加了网络销售、直播带货等方式，因此总体还有小幅增长；进出口企业销售受疫情影响较大，种子进口受限，大幅下降，总收入为 4.63 亿元，占全市的 8％，较 2019 年减少 29％；2020 年北京市共 10 家外资企业，其中有一家经营玉米种子的企业，销售额增加较多，总销售收入 6.52 亿元，占全市种子销售收入的 11％，较 2019 年增加 25％。

2. 不同作物销售分析

从各作物的销售构成上看，粮食作物一直是北京市销售贡献率的主力军，而其中销售额最大的是杂交玉米种子，2020 年北京市杂交玉米种子销售额为 29.94 亿元，占销售总额的 52％，较 2019 年增加 5％；水稻种子销售额为 7.14 亿元，占总销售额的 12％，较 2019 年减少 10％；小麦种子销售额为 6.91 亿元，占销售总额 12％，较 2019 年增加 23％；瓜菜作物种子销售额 7.6 亿元，占销售总额 13％。

3. 种子销售类型分析

2020 年北京市种子企业销售本企业商品种子 4.21 亿千克，销售额

52.72 亿元，占全市种子销售额的 91％；销售其他企业商品种子 874 万千克，销售额 2.65 亿元，占全市种子销售额的 5％；代制（繁）种子销售 185 万千克，销售额 5 891 万元，占全市种子销售额的 1％。在各区种子销售中，海淀区和西城区种子企业销售本企业商品种子销售额最多，分别为 21 亿元和 17 亿元，在持证企业中，大型的种子生产销售企业也多集中在这两个区（表 3－9）。

表 3－9　2020 年各区种子企业各项收入分布情况

单位：万元

区县	商品种子销售收入	销售本企业商品种子收入	销售其他企业商品种子收入
海淀区	208 643	183 634	21 570
昌平区	15 888	15 580	308
通州区	3 839	3 512	34
朝阳区	66 847	66 047	456
大兴区	9 440	9 195	23
房山区	823	630	193
丰台区	8 482	7 531	900
平谷区	325	137	187
顺义区	24 104	21 997	2 014
延庆区	54	3.7	50
怀柔区	321	321	0
石景山区	1 664	1 664	0
西城区	171 479	170 890	327
密云区	8 094	6 702	462
东城区	20	20	0

4. 单作物种子销售主导企业及主导品种分析

2020 年，北京市持证企业中，大田玉米种子销售量最大的是北京联创种业股份有限公司，杂交水稻种子销售量最大的是北京金色农华种业科技股份有限公司，小麦种子销售量最大的是中农发种业集团股份有限公司（表 3－10）。

表 3－10　2020 年北京市分作物种子企业商品种子销售额前 10 强

作物	企业名称	排名
大田玉米	北京联创种业有限公司	1
	垦丰科沃施种业有限公司	2
	中国种子集团有限公司	3
	德农种业股份公司	4
	中地种业（集团）有限公司	5
	中农发种业集团股份有限公司	6
	北京金色农华种业科技股份有限公司	7
	北京华农伟业种子科技有限公司	8
	北京屯玉种业有限责任公司	9
	北京顺鑫农科种业科技有限公司	10
鲜食玉米	北京绿亨玉米科技有限公司	1
	北京华奥农科玉育种开发有限责任公司	2
	北京金农科种子科技有限公司	3
	北京华耐农业发展有限公司	4
	北京中农斯达农业科技开发有限公司	5
青贮玉米	北京大京九农业开发有限公司	1
	北京中农三禾农业科技有限公司	2
	北京顺鑫农科种业科技有限公司	3
水稻	北京金色农华种业科技股份有限公司	1
	中国种子集团有限公司	2
	中农发种业集团股份有限公司	3
	中农集团种业控股有限公司	4
小麦	中农发种业集团股份有限公司	1
	中国种子集团有限公司	2
	中农集团种业控股有限公司	3
	北京顺鑫国际种业集团有限公司	4
大白菜	京研益农（北京）种业科技有限公司	1
	湖山（北京）农业技术有限公司	2
	北京百欧通种子有限公司	3
	北京世农种苗有限公司	4
	北京华耐农业发展有限公司	5

（续）

作物	企业名称	排名
西瓜	京研益农（北京）种业科技有限公司	1
	北京世农种苗有限公司	2
甜瓜	京研益农（北京）种业科技有限公司	1
	纽内姆（北京）种子有限公司	2

5. 在京销售情况分析

2020 年，北京市共有种子零售商 355 家，较上年减少 10 家，年销售总量 190.94 万千克，年销售总额 2 914.30 万元。北京市种子零售商销售的作物种子主要有大田作物种子和蔬菜作物种子，其中大田作物种子主要以玉米、小麦和大豆为主，占全年销售量的 96.0%，占全年销售额的 79.1%；蔬菜作物种子占全年销售量的 4.0%，占全年销售额的 20.9%。

6. 种子进出口情况分析

2020 年，北京市实际进出口种子总额为 3 435.39 万美元，比上年同期 4 156.16 万美元减少 17%，下降的主要原因是受新冠疫情影响。实际进口总额为 3 375.39 万美元，相比上年同期减少 15%，实际进口总量为 67.28 万千克，相比上年同期减少 56%。北京市种子出口总额是 60 万美元，比上年减少 70%。从作物的实际进口额看，蔬菜种子为 1 312 万美元，甜菜种子为 1 354 万美元，向日葵种子为 50.6 万美元，玉米种子为 193 万美元。

四、种业管理与服务现状

2020 年，北京市种业主管部门围绕《北京现代种业发展三年行动计划（2020—2022 年）》的工作主线，以种业六大体系建设为着力点，筑牢种业基础性、技术性工作根基，推动北京现代种业高质量发展，助力实施乡村振兴战略。

（一）种子管理技术支撑体系

1. 质量检验检测体系

北京市种子管理系统共有 3 家种子检测机构，其中市级检测机构 1 家，机构改革后，搬至新址，进行实验室改造、仪器设备安装调试，环境与设施基本到位，将重新申请资质认定能力评价；区级检测机构 2 家，分别是丰台区种子管理站和密云区种子质量监督检验站，具备种子质量检测能力。全市共有 4 家检测机构通过市农业农村局考核，分别是农业农村部植物新品种测试中心、北京市农林科学院蔬菜研究中心、玉米研究中心、杂交小麦研究中心，具备农作物种子质量、品种真实性鉴定和转基因成分检测能力。

2020 年，市级检验机构开展检测技术研究，不断提升服务水平。一是对农作物标准样品完善"三库一平台"，调整标准样品系统部分模块功能，进行系统云服务器和数据库的迁移；二是做好标准样品的收集与管理，全年接收审定/登记农作物标准样品共计 191 份，涉及 14 种作物，标准样品登记接收均做到数量足、信息清、承诺实；三是完成 136 个库存品种的 DNA 指纹、VCU、DUS 信息的整理和录入，进一步丰富标准样品系统的内涵，为品种信息的比对奠定基础；四是修订《蔬菜品种真实性和纯度田间检验规程》地方标准，涉及结构整合、内容删除及技术内容修订；五是承担全国农业技术推广中心委托的 4 个分子检测标准的技术验证工作，包括《大豆品种真实性鉴定 SSR 分子标记法》《马铃薯品种真实性鉴定 SSR 分子标记法》《大豆品种真实性鉴定 SNP 分子标记法》《棉花品种真实性鉴定 SNP 分子标记法》，通过技术验证工作提升了检验机构分子检测技术水平，拓宽了作物检测范围，加强了与相关单位的技术合作，为开展类似检测工作奠定了基础。

2. 品种试验和评价指标体系

2020 年，北京市开展小麦、玉米、大豆品种试验 19 套，参试品种 156 个（含新品种 114 个），试验点 95 个（次），同步开展转基因检测、DNA 检测、品质检测、抗病性鉴定等专项鉴定 18 套。开展国家主要农作物品种试验 11 套，试验点 12 个（次），参试品种 141 个。为加强国家农作物多渠道品种试验北京试点的规范管理，按照全国农技中心相关要求，组织有关专家对 2020 年国家玉米、水稻等作物品种统一试验、联合体试验、绿色通道试验的北京试点项目进行监督检查，共出动 31 人次，检查各类试验点 63 个（次），检查试点覆盖率达到 72.5%。

全年通过开展农作物品种试验评价，推进种业标准体系建设。一是开展主要农作物品种安全跟踪评价，针对国家和北京市近年审定的玉米、小麦、大豆品种进行集中展示评价，进一步筛选推介丰产、稳产、抗逆性好、适应性强的新品种。二是开展非主要农作物登记品种生产适应性评价，在调研的基础上，确定了非主要农作物 7 类 66 个品种。

（1）区试审定。全年审定通过小麦、玉米、大豆新品种 16 个（含小麦 1 个、玉米 14 个、大豆 1 个），其中绿色优质和特殊类型品种 13 个，占审定品种的 81.3%，比上年提高了 6.3%。16 个玉米品种和 1 个水稻品种通过北京市引种备案。

（2）品种登记。2020 年受理登记申请 386 个，上报审查意见 44 批次（第 58 批至第 101 批），审查通过品种 343 个，完成登记品种 522 个，发放证书 400 份。2017—2020 年，北京市登记品种共 1 349 个，涉及 16 类作物。

（3）展示示范。2020 年开展玉米、小麦、大豆入市品种展示评价 9 套，展示品种 111 个，展示点 8 个（次），对展示品种从产量、抗倒性、抗病性等方面进行综合评价，表现较好的有 41 个品种，其中小麦品种 7 个、玉米品种 30 个、大豆品种 4 个。

（4）种质资源普查。北京市开展种质资源普查与收集行动，累计组织普查和征集行动 44 次，出动普查人员 210 人次，走访乡镇 41 个、行政村 77 个，总行程 11 704 千米，征集种质资源 330 份。

3. 种业信息管理体系

（1）种业基础信息共享。为提高统计数据利用价值，全面掌握全市种业发展动态，对全市持证企业生产、经营、科研等信息进行全面采集，整理分析后编写完成《2019 年度北京市农作物种业发展报告》，不仅为政策制定者提供了坚实的数据支撑，也为后期行业服务指明了方向。

（2）种子市场动态监测。2020 年，北京市 10 个种子市场观察点共上报品种数 633 个，同比增长 214 个，增幅 51.07%；全年共上报价格信息 13 564 条，同比增加 5 472 条，增幅 67.62%，种子观察点工作质量正逐年提升。动态检测可以第一时间掌握市场发展变化情况，及时做出应对措施。

（二）行业服务

1. 积极组织开展信用评价

2020 年，按照中国种子协会要求，北京市开展了 2020 年种子信用企业申报工作及会员信用承诺书提交工作。中种、京研益农、德农、屯玉、联创、中农发等 6 家企业被评为 AAA 等级；中地种业（集团）、顺鑫农科、华耐等 3 家企业被评为 AA 等级；绿冠被评为 A 等级。

2. 落实"放管服"，优化服务

2020 年北京市持续做好"放管服"工作，不断优化营商环境，具体做法：一是拆分许可事项，提供便利。北京市政务服务事项管理系统升级改造过程中，将农作物种子生产经营许可涉及的内容拆分成"新申请""续展""变更主证""变更副证""注销"五项许可办理事项，为企业办理许可事项提供了便利。二是调整审定时限，加快新品种入市速度。全年分两批次完成小麦、玉米、大豆三类主要农作物新品种的审定工作，其中审定通过的小麦新品种发布审定公告的时间比以往提前 3 个多月，申报人后续开展品种生产、经营等事项提前了一个生产周期；大豆、玉米品种审定办结时限也由原来的 165 天缩短到 103 天。

第三节　北京种业发展的优势与劣势

一、北京种业发展的优势

（一）全国种业科研创新中心

北京地区保存国家级种质资源 39 万份，列世界第 2 位。拥有种业研发机构 80 余家、7 位院士在内的高水平专家 1 000 多名，每年新育成各类作物品种 400 个左右。杂交玉米、小麦、蔬菜等新品种育种在全国处于领先水平。

2020 年，中国农科院、北京市农林科学院等几家科研单位在育种技术创新、品种选育方面成绩显著。仅以中国农业科学院蔬菜花卉研究所、作物科学研究所、北京市农林科学院蔬菜研究中心、玉米研究中心等为代表的 8 家科研单位得到国家级、市级各类科研资金 4.12 亿元，人均科研经费达 30.68 万元。

在企业投入科研方面，2020 年北京市种子企业科研投入持续增长，总投入为 7.13 亿元，较上年增加 4.39%，企业科研投入集中度较高，多为规模企业，其中投入前十名的种子企业总投入为 4.03 亿元，占全市种子企业科研总投入的 56.5%。全市种子企业科研总投入占销售额 5% 以上的企业有

79 家，其中 13 家育繁推一体化企业科研总投入 4.15 亿元，占全市企业总投入的 58.2%，科研投入占其销售额平均为 11%。这一比值反映出北京市大型种业企业科研投入比例较大且投入稳定，已经与国际种业巨头投入比例相当。

北京是全国科技创新中心，种业科研创新资源丰富，80%以上国家级种业科研力量集中在北京，科研装备和研发能力接近发达国家水平，企业聚集度高。示范区建设将围绕农业科技创新体制改革、人才发展体制改革和京津冀协同发展等重大国家战略实施，发挥北京种业科技创新资源聚集优势，引领带动现代种业跨越发展，支撑国家重大战略实施。

（二）国内外种业企业聚集中心

目前，全国种业 50 强企业有 20 家都在北京设立了总部或分支机构，拥有育繁推一体化企业 13 家、"中国种业信用明星企业" 3 家和"中国种业信用骨干企业" 5 家。

1. 主导企业销售额集中度

在 2020 年统计的 303 家种子企业中，销售前 5 强的企业种子销售额达到 30 亿元，占全市种子总销售额的 52%；销售前 10 强的企业种子销售额达到 38.64 亿元，占全市种子总销售额的 66%。从近 10 年北京市前五、前十强的销售集中度数据看，趋势基本稳定，变化不大（表 3-11）。

表 3-11 2011—2020 年北京种子企业销售集中度对比

年份	销售额前 5 强占比（%）	销售额前 10 强占比（%）
2020	52	66
2019	45	60
2018	45	62
2017	43	58
2016	51	66
2015	52	67
2014	56	69
2013	54	71
2012	62	75
2011	61	72

2. 北京市销售前十强企业

2020 年北京市销售前十名的种子企业销售额为 38.64 亿元，占全市总销售额的 66%，较 2019 年增长 11%。从企业构成来看，北京市十强企业中，3 家企业为国有性质的集团公司，5 家为民营种子企业，2 家为外资种子企业（垦丰科沃施和纽内姆）。前十强企业中的前四名近年排名稳定，北京联创种业有限公司玉米种子销售额逐年递增，平均增幅 10%，京研益农（北京）种业科技有限公司 2020 年销售额增幅较大（较 2019 年增长 23%），首次进入前十强（表 3-12）。

表 3-12　2020 年北京市种子企业销售十强情况

排名	企业名称	排名	企业名称
1	中国种子集团有限公司	6	德农种业股份公司
2	中农发种业集团股份有限公司	7	中地种业（集团）有限公司
3	北京联创种业有限公司	8	京研益农（北京）种业科技有限公司
4	北京金色农华种业科技股份有限公司	9	纽内姆（北京）种子有限公司
5	垦丰科沃施种业有限公司	10	纽内姆（北京）种子有限公司

（三）全国种业交流交易与发展服务中心

北京市建立了"10+1+5"新品种创新示范展示基地，"10"就是 10 个郊区县的农作物新品种试验示范展示基地，"1"就是一个国家级和市级基地，"5"就是中国农科院、北京市农科院、中国农业大学、北京农学院等已建立的种业创新孵化基地，市科委称之为优势种业企业。北京四大种业企业交易额大约 60 亿元，其中种植类占了 35 亿元，养殖类 25 亿元。北京种子交易大会已连续成功举办了 29 届，每次交易额在 3 亿～5 亿元。北京市种业交易额和蔬菜种子交易额分别占全国的 10%、25%，育繁推一体化种业企业、进出口种业企业和注册资本超过亿元种业企业的数量和种业企业平均总资产规模均居全国之首，成功举办了 2014 年世界种子大会，国际种业前十强均在北京设立了研发中心或合资企业。

2020 年 7 月通州区成功举办中国北京鲜食玉米大会暨北京鲜食玉米节，采用线上线下、多元化、多渠道办会模式，累计观看量超过 300 万人次。2020 年 8 月丰台区举办了第二十八届北京种业大会座谈会，全面谋划了

2021 年北京种业大会的定位、目标和办会模式。2020 年 10 月，通州区举办了首届中国玉米种业暨产业链大会，开展了玉米产业链高峰论坛等活动。

北京市通过探索举办"1＋N"系列种业大会，打造集新品种展示、成果推广、贸易谈判、产业交流于一体的综合性种业盛会，搭建北京种业交易交流服务平台，彰显北京在全国种业行业的示范窗口作用。

（四）人才优势

2020 年 10 月 21 日国家（北京）种业智库在北京成立。国家（北京）种业智库是农业农村部种业管理司支持北京市做好首都种业三年行动计划，发挥首都科研资源、高层次人才和创新型企业的资源聚集优势和引领性作用，服务现代种业的先行先试之举，由国科农研院联合北京市通州区国际种业科技园区等单位承建。近年来，北京通过制度、机制创新打造种业创新人才资源聚集地。遵循市场经济和人才发展规律，以科学家、企业家为重点，落实用人主体自主权，打破人才引进、激励、流动、使用等体制障碍，建立科学、高效、灵活的人才发展管理体制，在示范区"引人才、育人才、聚人才"，优化人才创新创业生态，鼓励科学家自由探索研究，鼓励育种科研人员创新创业。加强国内外种业高端人才引进培养力度，争取国家人才计划、北京"海聚工程"、中关村"高聚工程"等人才计划支持，支持科研机构和企业引进国际化创新人才和领军人物。支持科研院所和高校通过兼职、挂职、签订合同等方式，与企业开展人才合作，推动科研创新人才向示范区聚集，向企业合理、柔性流动。

目前，北京市几家主要科研单位拥有专职科研人员 1 407 人，占职工总数的 77％。从学历构成上看，几家主要科研单位博士人数为 841 人、硕士人数为 557 人、本科人数为 181 人。科研单位的人员学历构成最多的是博士，占科研人员总数的 60％。全市共有博士后人数为 111 人，数量在全国各省份中居首位，聚集了众多种业科技高端人才。不仅如此，北京地区人才优势还具有数量多、种类全的特点。科技资源总量占全国的 1/3，拥有中央和地方各类科研院所 400 余所，其中中央级科研院所占全国的 74.5％；211工程院校 26 所、985 工程院校 8 所，均占全国的 1/5 左右。

（五）其他优势

北京除了是全国种业科研创新中心、国内外种业企业聚集中心、全国种业交流交易与发展服务中心，同时具有无可匹敌的人才优势之外，还存在自然环境优势、金融优势和信息优势。对于自然环境来讲，北京自然环境有利于品种表现，冬天寒冷，夏天炎热，各种农作物病虫草害多有发生，筛选出的新品种经得住自然考验，具有广泛的适应性。对于金融市场来讲，作为首都，北京聚集了"一行三会"等国家金融管理部门，是国家金融决策中心、监管中心和信息中心，对全国金融和经济运行具有全面和深刻的影响。对于各类要素市场的信息来讲，基于信息化的北京各类要素市场发达，包括北京产权交易所、中国技术交易所和中国林业产权交易所等权益类要素市场，以及全国棉花交易市场等大宗商品市场，目前合计已达 29 家，年成交额 6 000亿元左右。

二、北京种业发展的劣势

北京市发展格局从整体上看是"大城市、小农村、小农业"。2020 年 12月，北京常住人口 2 189.3 万人，其中，常住外来人口 839.6 万人，占常住人口的比重为 38.4％。常住人口中，城镇人口 1 916.4 万人，占常住人口的比重为 87.5％，农村人口 272.9 万人，占常住人口的比重为 12.5％。

2020 年北京市实现地区生产总值 36 102.6 亿元，比上年增长 1.9％。其中，第一产业增加值 107.6 亿元，下降 5.9％；第二产业增加值 4 716.4亿元，增长 0.9％；第三产业增加值 30 278.6 亿元，增长 2.1％。在第一产业中，农、林、牧、渔业 110 亿元，仅占地区生产总值的 0.3％。

近年来，北京种业虽然取得了较大发展，但是仍存在种业企业规模小、竞争力弱，与国际跨国种业公司相比仍有较大差距，带动地区经济发展和农民收入增长能力较弱。与种业发展优势比较，北京种业发展劣势也比较明显。

（一）土地资源缺乏

对于种业发展，北京土地资源劣势主要表现在：

（1）土地人均 0.19 亩，不到全国平均的 1/5，可开发利用后备资源不足。

（2）耕地面积减少过多，呈直线下降趋势，建设用地数量近年来迅速膨胀，农业内部结构调整也减少了耕地面积。

（3）土地利用仍存在一定程度的粗放利用现象。城市用地结构严重不合理，工业用地比例过高，住宅用地、道路广场用地比例偏低。

（4）土壤质量与北京市现代农业发展目标不相适应，土壤肥力，尤其是有机质水平有待提升。此外，随着城市化和工业化的发展，土壤污染严重，耕地中重金属含量明显增加。

（5）灌草地减少，林地增加明显，减少的灌草地多转化为林地，植被覆盖度得到明显的改善，但植被分布空间差异明显，区域生态调节功能变化明显。

（二）水资源缺乏

对于种业发展，北京水资源劣势主要表现在：

（1）水资源总量不足，并与其他产业竞争。北京市人均占有水资源量为400立方米，占我国人均水资源量的 1/6，占世界人均水资源量的 1/25，在130 多个国家首都中名列百位之后。在 20 世纪五六十年代，北京水资源供需没有多大矛盾，70 年代以后，随着人口增加，经济发展，缺水成为北京严重问题之一。

（2）地下水严重超采，补充不足。北京市地下水平均补给量为 37.80 亿立方米/年，地下水可开采量约为 24.5 亿立方米/年。由于种种原因，补给水并不能全部作为可利用水量。当开采量大于可开采量时，会引起地面沉降、水质发生变化等水文地质环境问题。

（3）水质污染，不适应制种。水资源开发利用过程中，水质是重要的指标之一，水资源量、质的协调统一是水资源充分发挥效益不可缺少的条件。在监测的 80 条河段中，受污染的河段 51 条，长度 1 100 千米，占监测河流长度的 50.8%，其中重度污染 11 段，占监测长度的 10.1%，严重污染 21条段，占监测总长度的 16.6%。据有关专家估算，北京市由于水污染所造成的工农业经济损失约占北京市国内生产总值的 1%，加上间接损失达 3%。

（三）劳动力资源不足，且成本高

对于种业发展，北京劳动力资源劣势主要表现在：

（1）近年来，北京劳动力市场供求总量景气指数呈上升趋势，劳动力供求两旺。从用工需求看，随北京经济结构调整和产业结构提升，社会经济的良性发展拉动劳动力需求增长；从劳动力供给看，农村劳动力相对稳定，城镇劳动力供给增长较快。主要源于外来人口增多，其中主要是农民工。

（2）人口老龄化，劳动力数量减少，将成为未来一个时期北京市人口变动的基本特征之一。2020年12月底，北京市户籍总人口1 400.8万人，其中，北京全市60岁及以上户籍老年人口约378.8万，占户籍总人口的27.0%；男性老年人口179.4万人，占47.4%，女性老年人口199.4万人，占52.6%。户籍人口老年扶养系数（即人口中非劳动年龄人口数中老年部分对劳动年龄人口数之比）有小幅增加。按15～59岁劳动年龄户籍人口扶养60岁以上户籍人口计算，老年扶养系数为46.2%，比上年增加1.8个百分点。

（3）劳动力资源的文化素质有了很大提高。与其他省市相比，北京就业人员受教育程度水平较高，不但高于中西部地区，而且高于江浙等东部沿海发达省份。这一方面是因为北京雄厚的教育资源为北京市培养了大批高层次人才；另一方面是北京特殊的政治经济文化地位吸引了全国各地的高学历人才来北京创业发展。劳动力资源的文化素质提高，对劳动报酬的要求更高，使种业发展的吸引力失去优势。

（4）目前在北京从事种业的劳工大多是外地农民工，随着国家及地方各级政府陆续出台扶持"三农"优惠政策，免税、补贴、提高农产品价格等措施使农民直接受益，部分在京务工人员被吸引回本地从事农业生产或其他工作。

第四节　北京种业发展思路

一、指导思想与基本原则

（一）指导思想

以习近平新时代中国特色社会主义思想为指导，深入贯彻落实习近平总书记"要下决心把民族种业搞上去"的重要指示，立足科技创新中心这一战略定位，发挥和挖掘全市科技、人才、信息、市场、金融等富集优势，坚持"立足北京、协同津冀、辐射全国"的发展思路，加大科研成果权益改革力度，加快理论创新、技术创新、品种创新、体制机制创新，加强市场监管与服务，优化创新创业营商环境，建设多元平台，形成研发、展示、示范、推广、交易、服务一体化的全产业链发展模式，推动创新成果在京津冀及全国全面转化和广泛应用，努力打造全国现代种业发展高地，为北京实施乡村振兴战略、建设全国科技创新中心、促进经济社会发展提供强有力支撑。

（二）基本原则

创新引领，提质增效。深入实施创新驱动发展战略，发挥种业科研单位在基础性、公益性方面的创新资源优势，构建市场导向、企业主体、产学研相结合的现代种业自主创新体系。坚持以自主创新为主体、自主创新和技术引进相结合的原则，加强优质高产品种、地方特色品种和关键共性技术的研发与应用，促进经济效益、社会效益和生态效益相统一。

加快转化，增收惠民。加快优良品种推广力度，提升市域范围内农作物、畜禽、水产和林果良种应用水平，加大种业创新成果对津冀及全国的辐射带动，加快种业创新成果转化，带动农民增收。

市场导向，企业主体。充分发挥市场在种业资源配置中的决定性作用，强化种业企业主体地位，推动育种人才、技术、资源依法向企业流动，激发企业创新活力。充分发挥政府监管服务和政策支持等作用，支撑和保障现代种业发展。

区域协同，深化合作。探索建立京津冀种业协同创新和现代种业发展协作机制；加强与西北、西南、海南等国家级种业基地的对接与合作，促进区域间优势互补、共同发展；进一步扩大合作对象与范围，引进优质种质资源、先进育种和加工技术，强化种业交流合作。

二、发展定位与总体布局

（一）发展定位

种业科技创新引领者。聚焦种业重大基础研究与关键核心技术创新，推动自主创新与开放创新相结合、产学研相结合、公益性研究与商业化育种相结合、央地相结合，发展具有源头性领先优势的现代种业创新链。

现代农业产业增长点。聚焦高价值、强带动、生态环保的种业发展优势，支持育繁推一体化企业发展，建立研发、展示、示范、推广、交易、服务一体化的产业发展模式，支撑都市型现代农业发展，构建具有行业引领辐射作用的现代种业产业链。

种业资源要素聚集地。开展国际国内种业科技交流与产业合作，推动创新资源向北京聚集，促进北京种业创新成果转化，带动京郊农业增效、农民增收，形成种业上下游紧密结合的现代种业价值链。

行业监管服务样板区。聚焦监管体系和服务能力现代化，不断凝练提升种业核心内涵，深入落实"放管服"改革，强化知识产权有效保护，构建信息化监管能力，发展社会化服务平台，营造良好创新创业生态系统与公平公正营商环境，建立一流的现代种业服务链。

（二）总体布局

围绕四大种业领域，聚焦十二大重点物种。围绕农作物、畜禽、水产、林果四大种业领域，聚焦于产业体量大、带动力强且具备竞争优势的战略物种和具有本土特点、区域优势的地方物种，重点推进甘蓝等蔬菜、特色玉米、节水小麦、马铃薯、蛋鸡、生猪、奶牛、北京鸭、鲟鱼等冷水鱼、宫廷金鱼等观赏鱼、桃、乡土树种 12 大物种产业创新高质量发展，培育具有竞争力的优良品种、优质企业和优秀品牌。

立足北京，协同津冀，带动全国。在北京辖区，以平谷农业科技创新示范区和通州国际种业科技园区为核心区，协同其他各区特色种业发展，布局种业科技创新、试验示范与交易交流基地，形成京内"两核、多点"的种业发展布局。在北京周边，建立环北京农作物新品种试验示范转化基地和畜禽良种繁育基地。全国范围内，在海南三亚、文昌重点布局北京南繁科研育种基地，在新疆、甘肃、四川等地重点布局北京良种繁育生产与加工基地。

三、主要目标

到 2022 年，北京现代种业的创新链、产业链、价值链和服务链协同发展能力大幅提升，现代种业建设成效突出。科技创新引领地位显著增强。形成一批具有影响力的种业基础研究和核心关键技术成果，实现以基因编辑技术为代表的育种技术的创新突破；选育推广 20 个以上在全国具有较强影响力和较大市场占有率的绿色优质多抗高效品种。产业创新发展能力全面提升。建成一批高标准园区基地与创新型科技平台，培养一批在全国有影响力的现代种业企业，农作物、畜禽、水产、林果种业总销售额达到 180 亿元以上，带动京郊种植农户增收 10%。打造具有全国影响力和产业带动力的北京动植物种业品牌论坛峰会。种业监管服务水平全面提升。显著提升品种权保护与综合执法能力，建成完善的种业大数据平台，形成高效的信息化监管体系，部市共建具有行业引导支撑作用的北京种业智库等协同共享平台，引领全国种业社会化监管服务体系，营造公平公正的营商环境。

四、重点任务

紧紧围绕四大种业、十二个优势物种，组织开展四大行动，实施十二项重点工程（实施"2412种业行动计划"，即两个"412"），做强创新链，做精产业链，提升价值链，优化服务链，有力支撑北京现代种业创新高质量发展。

（一）现代种业科技引领行动

（1）承接国家现代种业重大项目工程；

（2）种质创制及品种选育联合攻关工程；

（3）种质资源保护工程。

（二）现代种业产业提升行动

（1）平谷现代种业创新示范区建设工程；

（2）通州国际种业创新园区提升工程；

（3）北京现代种业能力建设工程；

（4）北京南繁科研育种基地基础设施提升工程；

（5）北京现代种业大数据技术研究与应用平台建设工程。

（三）现代种业创新成果转化行动

（1）北京"千村万户"良种更新工程；

（2）种业交流交易平台建设工程。

（四）现代种业发展环境优化行动

（1）种业品种权保护及创新环境优化工程；

（2）种业社会化服务平台构建工程。

第五节　北京种业发展存在的问题

与美国等发达国家相比，我国种业发展落后了大约十年。很多种子产品低水平竞争，科技含量低，许多农民自繁、自留、自用种子；品种更新换代速度慢；种子质量差，多为大田生产用种，特别是常规品种混杂退化严重。

虽然我国种业发展将呈现出种子经营集团化、种子产业国际化、种子科技先导化、种子市场体系规范化和种子行业管理法制化的趋势，但种业总体发展尤其北京种业发展能力仍不足。主要表现为以下 4 个方面：

一、行业集中度不高，缺乏强大竞争力的龙头企业

近年来，北京种业虽然取得了较大发展，但是北京种业仍存在总体整合程度低，行业集中度不高，种业企业规模小、竞争力弱的问题，整体行业呈"多、小、散、乱"现象，突出体现在北京缺乏具有强大竞争力的龙头企业。即使存在少量的种业整合，也是整合层次较低：重横向整合，轻纵向整合；在纵向整合中，重后向一体化整合，轻前向一体化整合。拟建"种业之都"的北京带动地区经济发展和农民收入增长能力较弱，对种业整合的产业结构合理化的贡献率较低，同时对全国种业发展的引领作用不甚明显。

二、种业发展与整合的市场工具运用不充分

科学技术是第一生产力，资金、技术是北京种业发展与整合的两大重要的市场工具。但是由政府引导支持、种业企业主导、科教机构参与、"农投、农担、农保"等社会组织积极介入、城乡居民受益的种业创新机制仍未完全建立。目前，政府投入种业的研发资金比较分散且大部分用于国家科教机构，难以成为市场主体，一定程度上影响了整个行业健康发展，从而造成了市场的不平等竞争；同时企业作为市场主体，创新能力低下，缺乏具有自主知识产权的新品种，难以做大做强。国外种业注重发挥市场机制作用，兼并和重组行为频繁，呈现规模化、集团化的显著特征。北京种业发展与整合的市场工具运用不充分，其优势没有得到有效发挥，种业创新的体制机制亟须完善。

三、人才创新力量发挥不到位

北京由于是政治经济文化人才中心，注定了北京成为全国种业科研创新中心，种业企业聚集中心，种业交易交流中心。2020 年北京市种子企业职工总数为 8 595 人，较 2019 年基本持平。其中博士 174 人，硕士 821 人，本科 2 619 人，其他学历 4 981 人，本科以上学历占职工总数 42%，企业从业

人员素质位列全国第一。企业科研人数总数为 1 879 人，占职工总数21.9%，较 2019 年增长 8%。虽然近年来，企业科研人员数量稳步增长，但是企业科研实力增长速度慢，没有充分发挥人才创新优势。北京种业只有保持创新，不断引进高技术高学历人才，不断研发适应市场的新品种，才能让企业在不断发展的种业市场占有一席之地。

四、促进种业持续发展的大环境尚待优化

在育种研发上，国外种业注重将种质资源保护与创新利用相结合，同时借助高强度的育种投入树立和巩固竞争地位。目前，我国及北京种业发展的大环境仍然存在一些问题：一是现行种业法制体系不够完善，需要进一步构筑种业创新发展的法律屏障；二是种业执法力度还需加强，特别是加大品种权保护执法力度等；三是吸引国内外大中型种业企业在京设立总部、研发中心和人才引进方面的政策支持力度还需加强，尚需在户籍、用地、税收等政策方面给予适当优惠。虽然 2016 年 1 月 1 日新修订的《种子法》比原来《种子法》增加了 16 条，对种子生产经营许可、种子质量认证、标签和使用说明等都有了新的规定，但是促进种业持续发展的大环境仍需进一步优化，发挥种子市场调节的作用，规范种子的管理行为。

北京种业在发展战略布局上虽先行一步，已初步形成了比较完善的"一个核心、两大区域、三类基地、四级网络"基本布局和推动种业发展的"2412 种业行动计划"等顶层设计。但比较缺憾的是运行到目前为止，一直未能找到启动北京种业发展的将北京种业规划、发展战略落地的战略措施，即缺乏通过种业整合培育龙头企业带动北京种业高质量发展的种业整合与发展平台。种业的价值链是在选种、育种、生产、加工、包装到销售及其服务等环节基础上提炼与发展起来的，由于诸多环节具有开发管理难度大、投资数额多、周期长等特点，使种业整合成功率低、风险大，阻碍了种业整合的有效进行。当前，北京市对于种业企业整合风险的研究多集中于并购的前期交易阶段，对于并购的后期管理研究不足，导致北京种业企业并购面临较大的整合风险，多以失败而告终。北京市亟待认识种业企业并购整合的重要性，强化应对种业企业整合风险方面的知识与经验储备。

主要参考文献

[1] 北京市农业农村局，等．北京现代种业发展三年行动计划（2020—2022 年）[R]．2020.

[2] 北京市种子管理站．北京市农作物种业发展报告 [R]．2021.

[3] 北京市种子管理站．北京市农作物种业发展报告 [R]．2020.

[4] 北京市种子管理站．北京市农作物种业发展报告 [R]．2019.

[5] 北京市种子管理站．北京市农作物种业发展报告 [R]．2018.

[6] 北京市种子管理站．北京市农作物种业发展报告 [R]．2017.

[7] 北京市种子管理站．北京市农作物种业发展报告 [R]．2016.

[8] 北京市种子管理站．北京市农作物种业发展报告 [R]．2015.

[9] 陈红，杨雄年．现代种业发展战略下强化植物新品种保护的政策措施 [J]．知识产权，2017（11）：84 - 88.

[10] 陈锡文．中国农业发展形势及面临的挑战 [J]．农村经济，2015（1）：3 - 7.

[11] 崔宁波，兰惠．种业育种创新保障我国食物安全的制约因素与突破思路 [J]．中州学刊，2022（6）：28 - 35.

[12] 侯军岐，侯丽媛．北京种业发展优势劣势及对策 [J]．现代企业，2015（10）：64 - 65.

[13] 侯军岐，等．北京种业整合战略及其平台建设管理研究 [M]．北京：中国农业出版社，2017.

[14] 李登旺，等．中国种业发展的国际比较与改革思路 [J]．世界农业，2016（9）：162 - 168.

[15] 李顺国，等．中国谷子产业和种业发展现状与未来展望 [J]．中国农业科学，2021，54（3）：459 - 470.

[16] 李芸，陈俊红，陈慈．农业产业融合评价指标体系研究及对北京市的应用 [J]．科技管理研究，2017，37（4）：55 - 63.

[17] 刘春青，等．中国农作物种业企业发展水平提升对策研究 [J]．江苏农业科学，2022，50（13）：1 - 6.

[18] 刘忠松，陈烈臣，段美娟．作物种业发展态势分析 [J]．科技导报，2022，40（11）：15 - 23.

[19] 牛震，张昆．种业振兴在路上——我国种业高质量发展观察 [J]．农村工作通讯，2022（9）：8 - 11.

[20] 农业农村部种业管理司。等．中国种业发展报告（2019 年）[M]．北京：中国农业出

版社，2019.

［21］农业农村部种业管理司。等．中国种业发展报告（2020 年）［M］．北京：中国农业出版社，2020.

［22］农业农村部种业管理司，等．中国种业发展报告（2021 年）［R］．北京：中国农业出版社，2021.

［23］许桓瑜，等．南繁硅谷建设的分析与思考［J］．农学学报，2019，9（1）：89 - 95.

［24］张辉，等．对当前我国种业创新发展的思考与建议［J］．上海农业学报，2022，38（3）：128 - 132.

［25］张延秋．种业振兴的形势和任务［J］．农业发展与金融，2022（6）：9 - 12.

第四章　北京种业企业经营风险评价

　　企业风险又称经营风险，就是企业一般日常经营管理中存在的风险。2020年底，北京有种业企业303家，日常经营过程中时时刻刻都存在这种风险。研究种业企业并购整合风险之前，有必要全面、系统地分析北京种业企业日常经营风险。本章在构建种业企业风险综合评价模型的基础上，选择北京德农种业公司、北京奥瑞金种业公司、中国种子集团三个案例，对企业经营风险进行实证分析评价。分析得出，3家种业企业的风险的排名由高到低依次是：中国种子集团在企业风险管理方面做得最好，而北京德农种业在这方面有很大的提升空间。从3个种业企业分别在4个准则层指标的综合评价结果可以看出，3个种业企业有各自的优劣之处：在企业财务风险管理和技术风险管理方面，中国种子集团做得最好；在管理风险管理方面，北京奥瑞金有很大优势；而北京德农则更注重外部环境对企业风险的影响作用。

第一节　北京种业企业风险
评价模型构建

　　企业风险研究起源于德国，发展于美国。20世纪20年代，国外研究表明可以通过某些途径或计量方法来对风险进行定量化评价，美国反虚假财务报告委员会下属的发起人委员会（COSO）于2004年发布《企业风险管理——整体框架》（ERM）被认为是现代企业全面风险管理理论的核心。该框架表明企业风险管理是一个完整的系统化过程，风险管理的理念应该贯穿于企业运作的各个方面，可以通过董事会、管理层或其他员工来实施，将企业风险降低到可以接受的范围内，从而保证企业的良性发展。Mc Whorter 等从战略绩效评价角度出发，对企业风险管理进行研究，得出绩效评价与企业风险管理有相似之处。在使用战略绩效评价的过程中，对企业的全面风险管理也起到了相当大的促进作用。Beasley 等从平衡计分卡理论的视角出发，对企业风险管理进行研究。认为平衡计分卡是对企业朝着预期目标方向取得的成果的衡量，而风险管理是对在这一过程中可能遇到的各种风险因素的识别与控制。

从国内研究来看，刘笑霞等将企业的风险管理看作为一个持续的系统化过程，并将其分为企业目标设定、风险识别、风险评估、风险应对、实施控制等阶段，认为只有在对各种风险全面了解的基础上，才能对可能产生的危害进行预测，从而对风险进行有效的控制。姜继娇等采用基于风险转移算法（RTA）的聚类分析方法，对区域产业集群（RIC）中的企业风险进行了分类识别，与 Monte Carlo 模拟法和随机网络解析法相比，具有更好的解释性和通用性；并且，提出了应对 RIC 网络中企业风险扩散的防范机制，强调对企业风险管理战略、组织、方法、信息、文化和过程六要素的有机融合。董峰选取 A 股上市公司为样本，以纵向并购作为营业性对冲举措，提出企业风险管理效应，认为在经历短期的上下游资源整合后，纵向并购的企业能够在中长期内显著降低风险。鞠高峰等主要对种业企业营销风险进行研究，认为由于种业企业对自身的科技研发能力、产品品种系列的适应性等资源要素把握不准，有可能导致品种系列选择的目标市场出现失误，从而引发种子产品在营销过程中出现种子品种选择风险和目标顾客群市场选择风险等一系列风险。李善花在对种业上市企业财务风险特点分析的基础上，构建了种业企业财务风险预警指标体系，分别从新种子研发风险、企业日常运营风险、企业获利风险、企业债务风险等方面入手，运用主成分分析法对种业企业七家上市公司财务风险进行了评价，并结合数据结果给出了对策建议。

综上，针对企业风险管理方面的研究，主要是从宏观角度入手研究企业风险管理，其整体性较强，但行业针对性不足，尤其是种业企业风险管理研究还比较少见；或从单一角度着手，整体涵盖性相对不足；或侧重于理论研究，缺乏足够的实证研究；或指标评价体系尚不完善，评估程序、评价模型选择未能体现种业风险管理特点，量化问题解决针对性不强等。

一、确定指标层的最优指标集

评价指标体系通常包括 3 个层次，分别是目标层 R、准则层 $U(i)$、指标

层 $u_{ij}(i=1, 2, \cdots, m; j=1, 2, \cdots, n)$。将被评价种子企业的编号设定为 $S(S=1, 2, \cdots, q)$，则 $R(S)$ 代表第 S 个种子企业的风险程度。

设 $x_{is}^{(i)}$ 为第 S 个种子企业对应于准则层 $U(i)$ 下第 j 指标 u_{ij} 的原始数据，原始数据以矩阵 $X^{(i)}=[x_{is}^{(i)}]_{ni \times q}$ 表示。为消除不同指标的量纲，使各指标间具有可比性，对矩阵 $y^{(i)}$ 进行归一化处理，得到评价矩阵 $Y^{(I)}=[y_{is}^{(i)}]_{ni \times q}$，设 $Y_j^{(i)^*}$ 为第 j 个指标在 q 个待评价种子企业中的最优值，则评价系统内的最优指标集为 $Y_{\max}^{(i)}=[y_1^{(i)^*}, y_2^{(i)^*}, \cdots y_i^{(i)^*}, \cdots y_{ni}^{(i)^*}]$。

二、构建评价矩阵

以 $Y_{\max}^{(i)}=[y_1^{(i)^*}, y_2^{(i)^*}, \cdots, y_i^{(i)^*}, \cdots, y_{ni}^{(i)^*}]$ 为参考序列，$Y_s^{(i)}=[y_{1s}^{(i)}, y_{2s}^{(i)}, \cdots, y_{ns}^{(i)}]$，$(s=1, 2, \cdots, q)$ 为被比较数列，用灰色关联分析法分别计算第 s 个种子企业第 j 个企业风险评价指标与第 j 个最优指标的关联系数 $\xi_{js}^{(i)}$，即：

$$\xi_{js}^{(i)}=\frac{\min_s\min_j|y_j^{(i)^*}-y_{js}^{(i)}|+\rho\,\max_s\max_j|y_j^{(i)^*}-y_{js}^{(i)}|}{|y_j^{(i)^*}-y_{js}^{(i)}|+\rho\,\max_s\max_j|y_j^{(i)^*}-y_{js}^{(i)}|} \qquad (4-1)$$

式中，$\rho\in[0, 1]$，一般取 $\rho=0.5$。

由 $\xi_{js}^{(i)}$ 可得评价矩阵 $B^{(i)}=[\xi_{js}^{(i)}]_{ni \times q}$。

三、基于信息熵和 AHP 方法确定指标层各指标权重

为了全面反映评价指标的重要性，在考虑专家经验和能力前提下，需要兼顾客观的信息数据。因此，将 AHP 的主观赋权法与客观熵值法相结合，以此确定各指标的最终权重。为了准确反映各指标之间的重要性差异，对各评价指标采用乘法合成法进行组合赋权。

第一步，用信息熵的方法对指标进行客观赋权。各评价指标的熵定义为

$$e_i^{(i)}=-k\sum_{s=1}^q c_{is}^{(i)}\ln c_{is}^{(i)} \qquad (4-2)$$

式中，$k=1/\ln q$（待评种子企业数量确定后便为常数）。

$$c_{js}^{(i)}=\frac{y_{is}^{(i)}}{\sum_{s=1}^q y_{js}^{(i)}} \qquad (4-3)$$

第 j 个指标的评价数据的分散程度可表示为

$$d_j^{(i)} = 1 - e_j^{(i)}, \quad j = 1, 2, \cdots, n_i \qquad (4-4)$$

式中，$d_j^{(i)}$ 为偏差度，$d_j^{(i)}$ 越大表明该指标越重要。由熵值法得到的第 j 个指标的权重为

$$\alpha_j^{(i)} = \frac{d_j^{(i)}}{\sum\limits_{j=1}^{n_i} d_j^{(i)}} \qquad (4-5)$$

第二步，用 AHP 法对指标进行主观赋权。根据 AHP 原理，定义专家评分分值为 f_{ij}，若认为因素 α_i 与因素 α_j 重要相同，则 $f_{ij} = 1$；若认为因素 α_i 比因素 α_j 略为重要，则 $f_{ij} = 3$；以此类推，若认为因素 α_i 比因素 α_j 明显重要，则 $f_{ij} = 5$；若认为因素 α_i 比因素 α_j 强烈重要，则 $f_{ij} = 7$；若认为因素 α_i 比因素 α_j 绝对重要，则 $f_{ij} = 9$。由此可得两两相对重要性的判断矩阵。当 $\boldsymbol{F}$ 为相容性矩阵时，用 $\boldsymbol{F}$ 最大特征根 $\lambda_{\max}$ 所对应的特征向量作为权重矢量，后续进行归一化处理后即可得到第 j 个指标由 AHP 法得到的权重 $\beta_j^{(i)}$。

第三步，将 $\alpha_j^{(i)}$ 和 $\beta_j^{(i)}$ 代入下式，即可得到第 j 个指标的主客观组合权重 $w_j^{(i)}$。

$$w_j^{(i)} = \frac{\alpha_j^{(i)} \times \beta_j^{(i)}}{\sum\limits_{i=1}^{n_i} \alpha_j^{(i)} \times \beta_j^{(i)}} \qquad (4-6)$$

进而得指标权重向量为 $\boldsymbol{w}^{(i)} = [w_1^{(i)}, w_2^{(i)}, \cdots, w_{n_i}^{(i)}]^T$。

四、综合评价准则层并构建准则层评价矩阵

构建准则层评价矩阵时，准则层 $\boldsymbol{U}^{(i)}$ 每个指标的单层次综合评价结果表示为 $\boldsymbol{U}^{(i)} = [\boldsymbol{W}^{(i)}] E^{(i)} (i = 1, 2, \cdots, m)$。再将单层次综合评价结果 $U^{(1)}$，$U^{(2)}$，$\cdots$，$U^{(m)}$ 构成矩阵 $\boldsymbol{U} = [U^{(1)}, U^{(2)}, \cdots, U^{(3)}]^T$，找到其对应的最优指标集，再将其转化为评价矩阵 $\boldsymbol{B}$。

五、确定准则层权重系数并对目标层进行综合评价

根据上文描述的权重算法，计算准则层指标的权重系数 $\boldsymbol{W}_i(1, 2, \cdots, m)$，进一步得到准则层的权重向量 $\boldsymbol{W} = [w_1, w_2, \cdots, w_m]$。因此，目标层的综合评价结果为 $\boldsymbol{R} = \boldsymbol{W} \times \boldsymbol{B}$，$\boldsymbol{R}^{(s)} = [R^{(1)}, R^{(2)}, \cdots, R^{(r)}]$。

第二节　北京种业企业经营风险评价实证分析

北京种业具有显著的高新技术特点，在科研基础、信息技术、金融资本及市场环境等方面都具有相对优势，已逐渐成为我国种业的核心。一方面，大中型种业企业在北京区域内聚集，形成了产业集群趋势，促进了北京种业整体实力的提升；另一方面，宽松自由的市场环境，丰富的技术、人力、资本资源，国内外种业的充分交流，都对企业的发展形成了良好的促进作用。本章以北京市 3 家种子龙头企业（北京德农种业有限公司 G1、北京奥瑞金种业股份有限公司 G2、中国种子集团公司 G3）为例，进一步研究改进型灰色关联模型在种子企业风险综合评价中的应用。

北京德农种业有限公司是在整合数家优势种业企业的基础上通过新设合并的方式建立的集科研、生产、经营于一体的现代化大型综合种子企业。公司以科研为先导，在全国不同生态区域建立了多个育种中心、综合试验站和试验点。北京奥瑞金种业股份有限公司是一家融合现代生物技术及遗传育种等高科技手段，进行农作物优良新品种选育、生产、加工、销售及技术服务的农业生物技术企业。公司建立自己的核心研发团队与体系，还重点创建知识产权，按销售提成的方法，有偿转让国内科研单位的科研成果，使其成为连接科研单位与市场的桥梁。中国种子集团有限公司是在原农业部种子局基础上成立的种子公司，是集研发、生产、加工、营销、技术服务于一体的、产业链完整、多作物经营的大型种业集团。公司主要从事农作物种子的科研开发、生产加工、销售及服务业务，种子经营规模在国内持续保持领先地位。通过实证分析这 3 家具有代表性的种子企业风险可以更好地了解北京种业企业风险现状，为种业企业风险评价研究提供参考。

一、种业企业风险评价指标数据获取与规范化处理

根据种子企业风险评价指标体系构建的原则和种子企业风险的特征，最终选取了外部环境风险、管理风险、财务风险和技术风险四个方面的指标，构建的指标体系如表 4-1 所示。

表 4-1　种子企业风险综合评价指标体系

目标层	准则层	指标层
种子企业风险评价	管理风险	组织管理风险
		人力资源风险
		营销战略风险
	外部环境风险	自然环境风险
		政策风险
	财务风险	投资风险
		筹资风险
		资金回收风险
		利益分配风险
	技术风险	技术本身的不成熟
		技术竞争
		技术效果的不确定性
		技术的不适应性

　　采取问卷调查和专家访谈的方法进行数据收集，调查的对象涉及 3 家种业企业的风险管理部门、战略规划部门、财务部门、人力资源部门、法律事务部门、研发部门以及生产控制部门，充分了解 3 家种业企业日常经营的各方面情况，可能面临的现实或潜在风险。调查的对象都是各部门中对自身业务情况有充分了解的人员。通过对 50 位专家的访谈，结合调查问卷所呈现的数据反馈，可以看出各个专家对 3 家种业企业所面临的现实或潜在风险的观点。

　　根据上文中构建的种业企业风险评价指标体系，对调研得到的 3 家种业企业的原始数据进行规范化处理，由于风险性指标属于成本指标集，所以进行规范化处理，按式（4-7）进行。

$$x_i^{(k)} = \frac{\max_i x_i(k) - x_i(k)}{\max_i x_i(k) - \min_i x_i(k)} \quad (i=1, 2, \cdots, m; \ k=1, 2, \cdots, n)$$

$$(4-7)$$

式中，$x_i^{(k)}$ 表示第 i 个企业第 k 个指标下的专家得分。

　　进行规范化处理后，得出综合评价指标的规范化矩阵和指标最佳值，如

表 4-2 所示。

表 4-2　种子企业风险综合评价指标数据的规范化矩阵

目标层	准则层	指标层	集群（G1）	集群（G2）	集群（G3）	最优值
种子企业风险综合评价指标体系	管理风险	组织管理风险	0.93	0.25	0.26	0.93
		人力资源风险	0.06	0.99	0.14	0.99
		营销战略风险	0.77	0.56	0.31	0.77
	外部环境风险	自然环境风险	0.35	0.91	0.21	0.91
		政策环境风险	0.37	0.92	0.12	0.92
	财务风险	投资风险	0.06	0.53	0.85	0.85
		筹资风险	0.14	0.23	0.96	0.96
		资金回收风险	0.27	0.60	0.76	0.76
		利益分配风险	0.25	0.13	0.96	0.96
	技术风险	技术本身不成熟	0.79	0.05	0.61	0.79
		技术竞争	0.63	0.71	0.32	0.71
		技术效果不确定性	0.70	0.09	0.71	0.71
		技术的不适应性	0.20	0.20	0.96	0.96

二、种业企业风险准则层指标的综合评价

在种业企业风险评价中，3 个种子企业的管理风险指标数据可以用矩阵

$$\boldsymbol{Y}^{(1)} = \begin{bmatrix} 0.93 & 0.25 & 0.26 \\ 0.06 & 0.99 & 0.14 \\ 0.77 & 0.56 & 0.31 \end{bmatrix}$$ 表示，指标最佳值为 $\boldsymbol{Y}_{max}^{(1)} = \begin{bmatrix} 0.93 & 0.99 & 0.77 \end{bmatrix}^T$；

用式（4-1）将 $\boldsymbol{Y}^{(1)}$ 转化为评价矩阵 $\boldsymbol{B}^{(1)} = \begin{bmatrix} 1.00 & 0.33 & 0.34 \\ 0.33 & 1.00 & 0.35 \\ 1.00 & 0.52 & 0.33 \end{bmatrix}$；根据式

（4-6），求出准则层管理风险下各指标权重：$\boldsymbol{W}^{(1)} = \begin{bmatrix} 0.47 & 0.36 & 0.17 \end{bmatrix}$。

所以 $\boldsymbol{U}^{(i)} = \boldsymbol{W}^{(i)} \times \boldsymbol{B}^{(i)} = \begin{bmatrix} 0.47 & 0.36 & 0.17 \end{bmatrix} \times \begin{bmatrix} 1.00 & 0.33 & 0.34 \\ 0.33 & 1.00 & 0.35 \\ 1.00 & 0.52 & 0.33 \end{bmatrix} =$

$\begin{bmatrix} 0.76 & 0.60 & 0.34 \end{bmatrix}$；同理，可得外部环境风险、财务风险、技术风险的

单层次综合评价结果，如表4-3所示，分别为 $U^{(2)}=[0.38\quad 1.00\quad 0.33]$；$U^{(3)}=[0.34\quad 0.42\quad 1.00]$；$U^{(4)}=[0.74\quad 0.42\quad 0.78]$。

表4-3 种业企业风险综合评价指标权重

目标层	准则层	指标权重	指标层	指标权重
种子企业风险综合评价指标体系	管理风险	0.21	组织管理风险	0.47
			人力资源风险	0.36
			营销战略风险	0.17
	外部环境风险	0.33	自然环境风险	0.62
			政策环境风险	0.38
	财务风险	0.39	投资风险	0.11
			筹资风险	0.31
			资金回收风险	0.20
			利益分配风险	0.37
	技术风险	0.17	技术本身的不成熟	0.37
			技术竞争	0.14
			技术效果的不确定性	0.17
			技术的不适应性	0.32

三、种子企业风险程度的综合评价

将准则层的评价结果 $U^{(1)}$、$U^{(2)}$、$U^{(3)}$、$U^{(4)}$ 构成矩阵

$$U=[U^{(1)}\quad U^{(2)}\quad U^{(3)}\quad U^{(4)}]^{T}=\begin{bmatrix} 0.76 & 0.60 & 0.34 \\ 0.38 & 1.00 & 0.33 \\ 0.34 & 0.42 & 1.00 \\ 0.74 & 0.42 & 0.78 \end{bmatrix}，进行标准化处理得$$

$$C=\begin{bmatrix} 0.74 & 0.58 & 0.33 \\ 0.34 & 0.09 & 0.29 \\ 0.30 & 0.37 & 0.88 \\ 0.64 & 0.36 & 0.68 \end{bmatrix}$$

则最优指标集为 $C_{\max}=[0.74\quad 0.89\quad 0.88\quad 0.68]$；利用式（4-1）得到评

价矩阵 $\boldsymbol{B}=\begin{bmatrix} 1.00 & 0.56 & 0.33 \\ 0.38 & 1.00 & 0.33 \\ 0.33 & 0.36 & 1.00 \\ 0.8 & 0.33 & 1.00 \end{bmatrix}$；根据式（4-6），求得准则层 4 个指标的

权重为 $\boldsymbol{W}=\begin{bmatrix} 0.39 & 0.11 & 0.15 & 0.35 \end{bmatrix}$。所以，$G1$、$G2$、$G3$ 这 3 家种业企业的风险综合评价结果为：

$$\boldsymbol{D}=\boldsymbol{W}\times\boldsymbol{B}=\begin{bmatrix} 0.21 & 0.33 & 0.39 & 0.17 \end{bmatrix}\times\begin{bmatrix} 1.00 & 0.56 & 0.33 \\ 0.38 & 1.00 & 0.33 \\ 0.33 & 0.36 & 1.00 \\ 0.80 & 0.33 & 1.00 \end{bmatrix}$$

$$=\begin{bmatrix} 0.56 & 0.58 & 0.67 \end{bmatrix}$$

第三节 北京种业企业经营风险评价结论

根据评价结果可知，3 家种业企业的风险等级排名由高到低依次是：$G1>G2>G3$（由于对成本型指标进行了规范化处理，所以评价仍然与其他评价相似，得分越高风险越小），说明中国种子集团公司在企业风险管理方面做得最好，而北京德农种业有限公司在这方面具有很大的提升空间。从 3 家种业企业分别在 4 个准则层指标的综合评价结果可以看出，3 家种业企业有各自的优劣之处：在企业财务风险管理与技术风险管理方面，中国种子集团公司做得最好；在管理风险管理方面，北京奥瑞金有很大优势；而北京德农则更注重外部环境对企业风险的影响作用。

企业风险管理整体性较强。企业在新种子的研发、生产、销售和售后服务等过程中体现出了受政策环境影响大、技术创新性强、产品周期长、资金需求大和产品市场竞争激烈的特点。分析种业企业生产过程及特点，将种业企业价值创造过程看成一个整体来分析种业企业风险，能够全面把控潜在的风险影响因素。本章建立的北京种业企业风险综合评价模型，选取了影响种业企业风险因素的最优指标集，通过数据的规范化处理，可以全面合理地分析企业风险现状。在分析过程中选取同行企业进行对比，更能从对比结果看出企业在风险控制上需要改进的地方。北京种业企业的风险管理是一个系统

化的过程，企业风险不能彻底消除，潜在的风险影响因素一直存在，在用该模型进行种业企业风险评价时要注意收集充分的信息和征询多方面的意见，选取最优指标集要全面了解企业日常经营的各方面情况，不能因为管理者个人的偏好导致决策失误，进而影响企业风险评价结果。

主要参考文献

[1] 陈李宏. 种业企业风险管理研究［D］. 武汉：武汉理工大学，2008.

[2] 陈暮紫，等. 系统重要性银行指标法的适用性讨论［J］. 数学的实践与认识 2016（10）：23 - 27.

[3] 董峰. 上市公司纵向并购风险管理效应的实证［J］. 统计与决策，2016（6）：6 - 9.

[4] 姜继娇，等. RIC环境下企业风险的识别、扩散与防范机制［J］. 科研管理，2007（6）：154 - 158，166.

[5] 鞠高峰，赵瑞莹. 关于我国种子企业营销风险表现形式的分析［J］. 农业科技管理，2011（2）：86 - 89.

[6] 李善花，陈会英，杨平娥. 基于主成分分析法的种业上市公司财务风险评价［J］，商业会计，2010（2）：32 - 33.

[7] 刘笑霞，李明辉. 现代企业风险管理的系统化过程［J］. 北京工商大学学报（社会科学版），2009（4）：76 - 81.

[8] 鲁奕. 新常态下企业风险管理与内部控制的研究［J］. 商场现代化，2020（14）：120 - 122.

[9] 沈烈，何璐伶. 内部控制对企业风险管理的影响：述评与展望［J］. 财会通讯，2022（8）：17 - 23.

[10] 王晓雯，吴伟巍，尤佳. 大型基础设施项目治理结构对其风险管理的影响研究［J］. 工程管理学报，2015（10）：31 - 36.

[11] 张坤菊. 构建企业内控体系完善企业风险管理思路构架实践［J］. 商场现代化，2020（23）：95 - 97.

[12] 张敏，吴亭，李雨新. 基于大数据技术的企业风险管理研究［J］. 中国注册会计师，2021（6）：22 - 28.

[13] 邹祝华. 基于内部控制的企业风险管理体系研究［J］. 中国市场，2020（34）：80 - 82.

[14] Beasley M，Nunez K，Chen Y S. Working hand in hand：Balanced scorecard and enterprise risk management［J］. Strategic Finance，2006，87（9）：49 - 55.

[15] Coso I I. Enterprise risk management - integrated framework［R］. American：Commit-

tee of Sponsoring Organizations of the Treadway Commission，2004.

［16］Fraser J，Quail R，Simkins B J. Questions that are asked about enterprise risk manage-ment by risk practitioners ［J］. Business Horizons，2021 （3）.

［17］Lamine E，Thabet R，Sienou A，et al. BPRIM：An integrated framework for business process management and risk management ［J］. Computers in Industry，2020 （2）：1 - 17.

［18］Mcwhorter L B，Matherly M，Frizzell D M. The connection between performance measurement and risk management ［J］. Strategic Finance，2006，23 （5）：902 - 913.

第五章　北京种业企业并购整合风险因素识别

  企业并购整合风险是指企业并购整合活动中偏离预先设定目标而造成损失的可能性。有效识别北京种业企业并购整合风险因素是提升并购整合效益、减少并购损失，预先采取风险防范的有效方法。本章在论述北京种业企业并购整合风险来源及分类、并购风险识别方法的基础上，构建北京种业企业并购整合风险因素结构模型，对北京种业企业并购整合风险因素进行识别。分析得出北京种业企业并购整合风险因素之间是一个具有 7 层的多级递阶系统，影响北京种业企业并购整合最直接风险因素是：政策变动风险和财务协同效应风险；中间层风险因素是并购战略规划不完善风险和国家干预风险。由于多元企业文化包容度和技术不适等风险因素均在整合期，与我国当前种业企业并购整合表现较为一致，因此，在北京种业企业并购整合过程中，应多注重整合期风险因素的识别与防范。

第一节　北京种业企业并购整合风险来源及分类

一、种业企业并购整合风险界定

  企业并购整合风险是指企业并购整合活动中偏离预先设定目标或预期未来收益的可能性，主要是造成损失的可能性。企业并购整合活动可以理解为一项复杂的系统工程，需要全面考虑并购双方的各个层面，还需要考虑外部环境。并购内容的多层次、多要素、多职能特点决定并购不是某一个人、小组或者部门可以完成的，因此并购整合活动中存在诸多风险，它的复杂性和系统性使得企业并购整合后的效益可能远低于并购整合预期。由此可见，并购整合风险自始至终都是存在的，贯穿于企业并购整合的全过程。但同时，并购整合风险也是可以预估的，由于并购整合风险受多种不确定因素影响，预期结果可能是一个区间或范围。

二、种业企业并购整合风险来源

种业并购整合风险主要来源于种业并购整合的全产业链、全部参与主体和全部要素，如图5-1所示。种业全产业链包含从品种选育时的种子资源收集、技术研发等环节开始，到种子最终销售到种植者环节结束；同时，又涉及种子科研机构、种子生产、加工、销售企业与种子使用对象；还涉及对全产业链产生影响的技术、资金和管理等生产经营要素。相对而言，种业全产业链的研发环节薄弱，体制机制问题多；销售环节精细化服务刚刚起步，为种子使用者提供精细化服务的方式和手段等准备不足。因此，同其他行业相比，种业企业的并购整合及其风险管理有其特殊性。

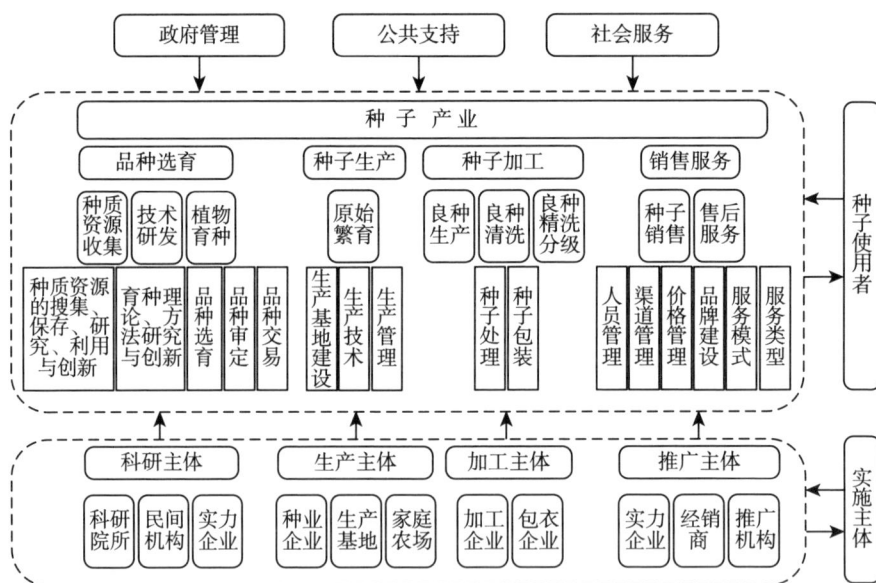

图5-1　种业企业全产业链示意图

从种业企业与其整合的特殊性来看，种业并购整合风险的来源主要有：

1. 行业政策指导性强，政府干预行为明显

国家对种业行业布局和对种业相关政策的调整，会对种业企业的生产活动产生直接影响。作为最不确定的因素，政府部门的政策调整会影响到种业

企业，这可能增加种业企业的并购整合风险。此外，政府可能会实行地方保护主义，或运用行政手段抬高行业进入门槛，或主导大型国有企业对民营种业企业进行并购，增加种业企业并购整合风险。

2. 商业化存在较大不确定性

为了将优质种子推向市场，获得利润，种业企业会在研发生产环节投入大量资源，如果无法成功实现商业化，则意味着种业企业的投入打了水漂。种业企业主要产品是种子，在种子推销过程中容易受消费者消费习惯的制约，在种业企业推广产品的过程中，与市场相关的风险主要包括：市场需求的不确定性，市场容量的不确定性，营销活动是否有效的不确定性和市场竞争的不确定性，这些风险都是潜在的影响因素，导致种业企业并购整合的不确定性。

3. 科技含量高，创新性强

种业企业的育种工作，具有很高的科技含量，进而产生较高的附加值。在新品种的培育过程中，种业企业不但要考虑育种的技术难度，还需要对相关辅助生产技术进行衡量，技术上的不确定性，导致种业研发项目具有极高的风险。而目前市场中，种业企业并购最看好的一是市场、二是技术。好的种子研发技术可以为种业企业并购整合的成功添瓦加砖。

4. 资金需求量大

种业企业的资金需求有其自身特点：资金需求持续性强，频率高。例如，种业企业科研投入资金往往呈几何级数增长，多个阶段资金的积压，会增大种业企业的财务风险，而财务因素是种业企业并购整合过程中最重要的影响因素之一。

5. 无形资产地位突出

种业企业研发的主要活动包括新品种的研发和利用新品种代替传统品种等，活动成果主要为无形资产，通常以植物品种权的形式存在，且在种业企业总资产中占较大比重，如果种业企业发生财务危机，无形资产可能迅速贬值，进一步导致企业偿债能力降低，扩大企业财务风险。产品的特殊性是种业企业并购整合时必须考虑的，企业并购整合要获得成功，就必须针对种业企业特征确定并购整合方案。

6. 整合人员缺乏或整合经验不足

种业行业并购整合涉及全产业链、全部参与主体和全部要素，这就需要富有整合经验的人员制定符合种业企业自身的整合策略,将并购后的协同效应最大化。企业并购的完成只是第一步,后期整合的成功才能给企业带来不断的收益,所以种业企业整合人员或整合经验的不足会加大种业企业并购整合后期风险。

三、种业企业并购整合风险的分类

企业并购整合风险具有复杂性和多变性的特点,从不同角度、按照不同标准进行分类,能够帮助管理者认识风险,识别出关键风险点,并采取措施积极应对。图 5-2 列出了企业并购整合风险的主要类别及划分方法。

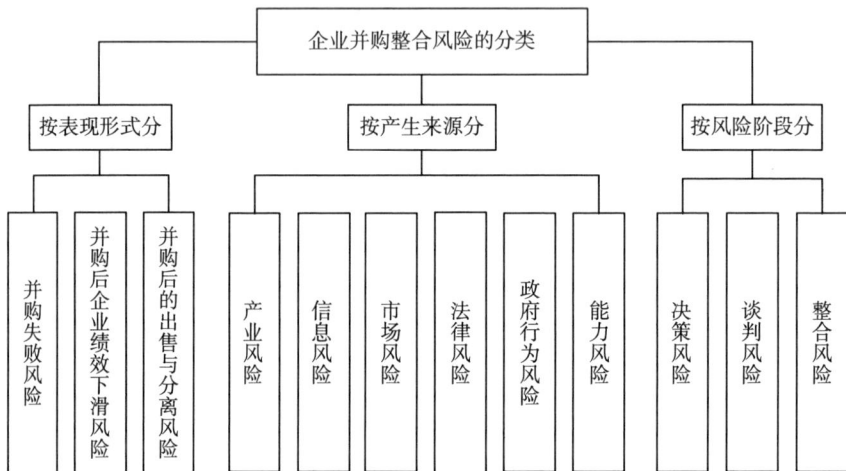

```
                    ┌──────────────────────────┐
                    │   企业并购整合风险的分类   │
                    └──────────────────────────┘
         ┌──────────────┬──────────────────┬──────────────┐
   ┌──────────┐    ┌──────────┐      ┌──────────┐
   │ 按表现形式分 │    │ 按产生来源分 │      │ 按风险阶段分 │
   └──────────┘    └──────────┘      └──────────┘
```

并购失败风险 │ 并购后企业绩效下滑风险 │ 并购后的出售与分离风险 │ 产业风险 │ 信息风险 │ 市场风险 │ 法律风险 │ 政府行为风险 │ 能力风险 │ 决策风险 │ 谈判风险 │ 整合风险

图 5-2　企业并购整合风险分类

(一) 按风险的表现形式划分

1. 并购失败风险

并购失败风险是指企业在并购整合之后,由于某种或多种原因导致并购整合目标未能实现、企业并购前期投入打了水漂的可能性。企业并购失败主要包括两种情况:一种是企业在购并前盈利,但在并购整合后发生亏损甚至破产;另一种是企业在并购过程中因某种原因而退出,并购活动并未完成。

2. 并购后企业绩效下滑风险

这里的绩效下滑主要指的是并购后的绩效下滑,它是一种普遍现象,产生的主要原因是企业的管理水平与营运需求不一致，导致企业管理成本增加。市场中普遍存在的现象是并购事件发生数年后，并购企业股东的回报率逐渐降低。比如，在 20 世纪 90 年代中期发生的重大跨国并购案例中，半数以上的企业股票价格下降了，只有少数企业股价上升。

3. 出售与分离风险

出售与分离是指企业在并购发生后，经营管理遇到严重困难，预期的并购战略无法实现，或在某个并购环节存在巨大风险，导致并购企业不得已进行出售与剥离的行为。这主要是因为并购双方原本可能独立发展，文化背景可能也不相同，甚至是直接的竞争对手，在这种情况下对双方进行合并整合难度极高。

（二）按风险产生的来源划分

按风险产生的来源划分，包括外部来源和内部来源。外部来源主要包括产业风险、市场风险、法律风险和政府行为风险，而内部来源主要包括信息风险和能力风险。

1. 产业风险

产业风险是指在特定产业中与经营相关的风险，这一风险与企业选择在哪个产业中经营直接相关。由于种业企业的生产和经营是以农业这一产业为背景，而农业是一个高风险的行业，农业系统的高风险性也意味着种业企业生产经营的高风险性。对于种业企业来说，产业风险管理是其需要关注的重要课题。

2. 市场风险

市场风险是并购企业未对所处行业产业生命周期、交易双方产业关联度进行预测评估，对将要并购的产业估计出现偏差，导致并购后结果偏离最初并购目标的可能性。由于经济与技术的快速发展，市场中不断更新的可替代产品转变了客户的需求，导致并购企业所在产业受到冲击，客户需求的多变引发企业并购预测的不确定性。

3. 法律风险

法律风险是并购企业未能按照法律法规的有关规定进行并购，在并购过程中出现操作不当，违反市场准入限制等引发的诉讼或遭受的失败。政府不定期出台的法律法规都有不同的界定，并购企业未能按照合理的操作规范进行并购，会导致企业并购法律风险。

4. 政府行为风险

政府行为风险主要是政府部门利用企业并购管理权限，过分看重本地区、本部门的短期利益和政府自身的政绩，导致并购双方在签订并购协议与办理手续时，存在着困难和不确定性。

5. 信息风险

信息风险是由于交易双方处于信息不对称的地位，并购企业对目标企业并购前期尽职调查不力、缺乏对目标企业及其行业的了解、未发现企业内部隐藏的问题，对其营利能力、营运能力出现判断失误，导致并购目标选择不当，使得并购结果难以与目标预期保持基本一致。

6. 能力风险

能力风险主要指的是并购企业受限于技术能力或管理能力，在并购整合过程中未能采取有效措施，导致并购整合效果不佳的风险。如并购企业管理水平一般，在整合阶段，在财务整合方面效果不佳，导致企业财务管理混乱。

（三）按风险的阶段划分

1. 决策风险

决策风险是企业在制定并购战略计划和选择并购目标企业时，采用了不恰当的并购决策导致并购结果与预期目标产生偏差。决策风险产生的主要原因是企业在制定并购决策时假定条件过多或不合理，导致并购结果偏离并购目标。并购决策风险又可以进一步划分为并购战略制定风险、信息搜集风险和目标公司选择风险。

2. 谈判风险

谈判风险主要是指由于交易双方存在信息上的不对称，或者在谈判技能和经验上有所欠缺等原因造成的并购整合风险，通常是通过并购协议及并购价格表现出来的。

3. 整合风险

整合风险是指在整合阶段由于并购企业整合经验不足或技能欠缺，使得并购双方的资源重组无法有效进行，导致企业成本上升，造成企业价值降低的可能性。

第二节　北京种业企业并购风险识别方法

种业企业进行风险识别的过程主要是将其在并购整合过程中潜在的风险因素筛选出来，是后续风险评价及风险管理的基础。本节通过梳理相关文献的方式，得出目前主要运用的风险识别方法，结合种业企业独有的特殊性，选用专家问卷调查法与风险树搜寻法相结合的形式有效而全面地识别各项风险因素，且在其基础上运用 ISM 模型构建出各风险因素之间的关系图，为各部门后续进行风险评价、制定风险管控方案提供研究基础。

一、德尔菲法

德尔菲法是对专家进行匿名咨询的一种风险识别方法。德尔菲法进行风险识别过程，首先是提出需要解决的问题，然后发送给相关专家寻求其专业性意见，并将所有专家提出的专业性意见与建议进行归纳、统计，将其整合后的首版综合性意见与仍需解决的问题匿名反馈给各位专家，在此基础上进行专家意见修改及建议匿名反馈，之后再进行二次修改意见归纳统计、反馈，汇总。其基本过程，如图 5-3 所示。

匿名征求　　归纳　　匿名反馈　　归纳　　匿名反馈　　归纳
专家意见　　统计　　　　　　　　统计

图 5-3　德尔菲法步骤

二、风险树搜寻法

风险树搜寻法是企业进行风险识别最常见的方法之一，其将项目中涉及的风险因素按照其产生的环节或原因进行分类，将分类的风险因素从大至小逐一分解，以寻根究底的方式找出所研究项目的风险来源，并运用类似树状的图解方式进行层层分级，最终形成风险树状图（图 5-4），可帮助企业更为直接、全面地分析各项风险因素。其进行风险识别，首先针对所研究项目，通过识别、筛选及诊断的方式找出其主要风险并进行分解分类，然后根据风险产生的环节或原因以从大到小的方式进行深入分析，最终聚焦其风险因素层次，有效锁定其存在的主要风险因素。

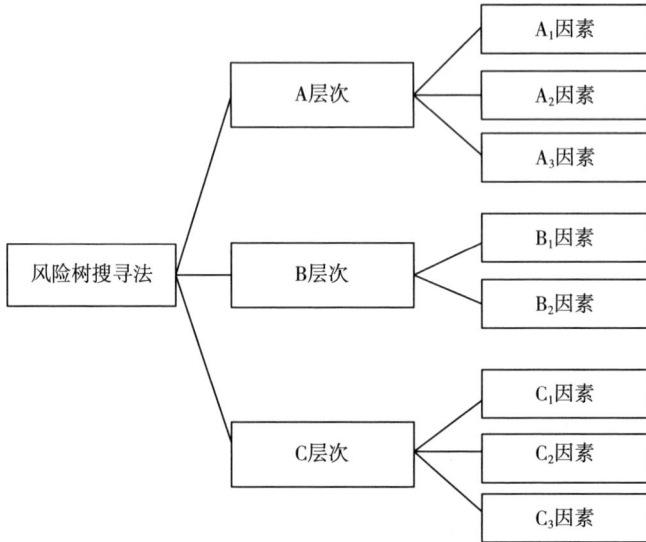

图 5-4　风险树搜寻法树状图

三、尽职调查法

企业进行并购整合前期应借助尽职调查的方式对其并购目标企业的基本情况进行详细的调研，主要对所处行业发展前景、并购目标企业真实情况、并购整合项目可行性研究等方面进行详细的分析，从而对此次并购整合活动有较为全面的认识。种业企业开展尽职调查法的基本工作流程是：种业企业并购双方进行商务谈判、明确合作意向、签订合作保密协议；后续由种业企业成立尽职调查小组，采用书面文件审查、实地调研、面谈、查询及函证等方法，针对并购目标企业当前的经营、财务基本状况，开展详细的尽职调查工作，最终形成尽职调查报告，将可能涉及风险进行陈述。企业开展尽职调查主要清单如表 5-1 所示，进行风险识别步骤，如图 5-5 所示。

表 5-1　尽职调查清单

尽职调查项目	序号	具体内容
1. 基本情况	1-1	被并购企业在工商局登记备案主要资料（含工商档案、营业执照、被并购企业章程、股东出资情况）
	1-2	被并购企业发展历程、历史沿革简介
	1-3	被并购企业基本情况、主要业绩介绍
2. 资产债务情况	2-1	主要固定资产及价值情况
	2-2	股权结构及其演变
	2-3	历次股权变动合法、有效性及相关决议
	2-4	被并购企业负债情况、对外担保情况
3. 高管及员工情况	3-1	被并购企业法定代表人、主要管理人员履历情况
	3-2	被并购企业职工花名册、工资情况
4. 经营情况	4-1	被并购企业业务资质（资格、许可、批复等）
	4-2	被并购企业经营模式、上下游关系
	4-3	被并购企业签订的重大业务合同
	4-4	被并购企业未来用户发展情况及盈利预测
5. 财务税收情况	5-1	被并购企业近三年财务报表、审计报告
	5-2	被并购企业近三年销售收入表
	5-3	被并购企业近三年销售成本明细表
	5-4	被并购企业近三年管理费用、销售费用明细表

四、专家问卷调查法

专家问卷调查法是指采用匿名的方式对组建的专家小组成员独立进行问卷调查，通过邮箱作为中间媒介进行问卷反馈的一种风险识别方法。此方法首先确定组建的专家小组成员，然后做好所研究项目中各不确定性因素相关资料及数据的收集，并对其影响程度进行预估，最后将其不确定性因素转述为既可量化又易于理解的风险因素。风险识别是进行风险管理的关键步骤，也是一项具体的项目活动。吴志平认为运用专家问卷调查法进行企业风险识别，组建的专家小组成员应尽量包含法律、投资、技术、财务、项目运营及企业综合治理等多领域的专家学者，可来自企业内部，也可来自各领域知名专家。种业企业若采用专家问卷调查法进行并购整合风险识别，应建立并购

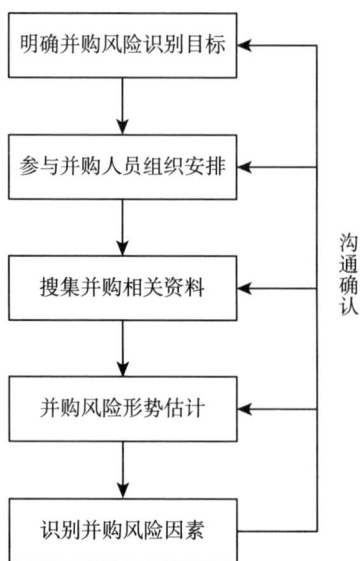

图 5-5　尽职调查步骤

整合调研小组，选择熟悉种业行业相关的法律、运营、投资及风险管理等方面的技术专家，成立种业企业并购整合风险识别专家小组，设计相应的调查问卷，对种业企业并购整合风险识别专家组意见及建议进行汇总和反馈。专家问卷调查设计步骤如图 5-6 所示。

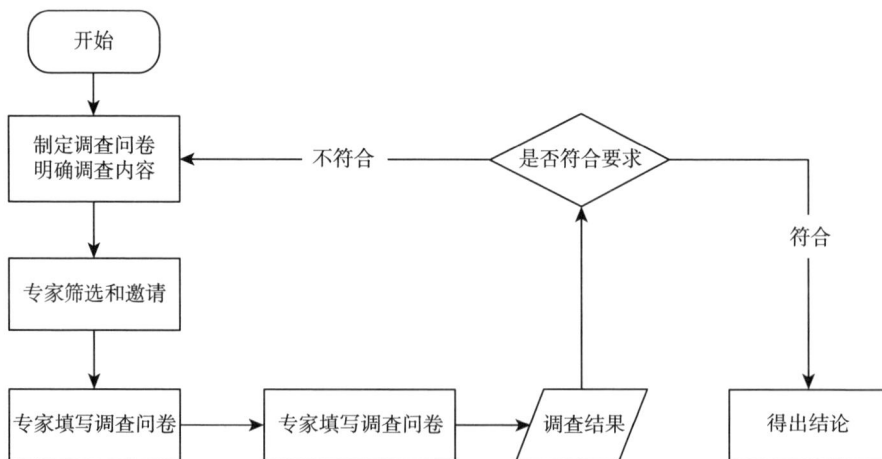

图 5-6　专家调查问卷设计

在实践过程中，不同项目应根据自身特点及实际情况，选用适用的风险识别方法，或者将其中两种或多种方法相结合进行风险识别，从而更加全面和准确地识别项目中存在的风险。对种业企业并购整合风险管理进行研究，因风险因素众多，风险识别过程也较为复杂，本章以问卷调查法和风险树搜寻法相结合的形式，来识别种业企业并购整合风险因素。

第三节　北京种业企业并购整合风险因素结构模型构建

一、结构解析模型（ISM）方法

由 Bottelle 研究所开发出的结构解析模型（Interpretative Structural Modeling Method，ISM），是一种以多维度的视角，将需解决的复杂问题分解为若干个子问题，并将其之间的内在关系用具有明显结构关系的模型展现出来。虽然该模型更加依赖所建立的 ISM 模型风险因素专家小组成员的主观性，在分析结果上会有相对的误差，但可通过风险管理者的经验进行规避。近年来 ISM 方法已经被运用到交通事故、PPP 项目风险识别、各类项目风险因素分析、企业发展等一些问题的研究中，而种业企业并购整合是一项风险较高的资本经营活动，其并购整合风险来源于由多种要素组成的整个产业链，其中各风险因素之间总是存在着某种相互支持或制约的逻辑关系。通过构建 ISM 模型去了解和掌握种业企业并购风险要素之间的内在结构关系，以更准确的方式找到决定各风险要素的基础风险要素及其所处的并购阶段，对分阶段风险识别至关重要。

二、并购整合风险因素 ISM 模型构建步骤

第一步，邀请建立 ISM 模型风险因素专家小组 10 人，专家小组成员由参与种业企业并购的行政管理者、风险管理者及企业决策者组成。

第二步，确定拟解决的问题。根据上一节中识别的种业企业并购整合风险因素，确定各风险因素指标的分级。

第三步，选择构成系统的种业企业并购整合项目的风险因素，构建风险系统要素合集 R：$R = \{R1, R2, R3, \cdots, Rn\}$。

第四步，判断各风险因素之间关系，建立邻接矩阵。利用专家组成员对已识别的风险因素之间的关系进行比较，构建种业企业并购整合项目风险因素 ISM 模型，通过引入二元关系式，建立种业企业并购整合风险因素间的邻接矩阵 A，其元素 a_{ij} 可以定义如下：

$$a_{ij} = \begin{cases} 1 & \text{当 } S_i \text{ 对 } S_j \text{ 有影响，} i \neq j \\ 0 & \text{当 } S_i \text{ 对 } S_j \text{ 无影响，} i \neq j \end{cases} \quad (5-1)$$

第五步，计算可达矩阵。ISM 模型将各风险要素之间的内在联系运用矩阵的形式表达出来，并通过对邻接矩阵 A 进行布尔运算，即将邻接矩阵与单位矩阵 I 进行求和运算，再将其求和运算结果进行幂运算，当其矩阵不再变化时，则得到可达矩阵 M。

第六步，构建 ISM 模型。将可达矩阵分解为可达集合 $R(S_i)$、先行集合 $A(S_i)$，求其两者的交集 $T = \{R(S_i) \bigcap (S_i)\}$，然后将其按照区域、强链接划分，得到可达矩阵的缩减矩阵 M'，做出相应的递阶有向图，构建种业企业并购整合系统风险因素结构模型，最后得出各因素之间的层次结构图。

第七步，识别关键风险因素。运用科学的评价指标和评估方法判断出关键风险因素。

三、并购整合风险因素指标分级

本章基于专家调查法和风险树搜寻法对北京种业企业并购整合风险因素进行了归纳总结，并将其作为基础数据，按所处的并购阶段分为一、二级因素指标，应用结构解析模型（ISM）方法进行层级分析，以便找出众多风险因素之间的相互联系，为下一步种业企业并购整合风险评估提供依据。北京种业企业并购整合具体风险因素，如表 5-2 所示。

表 5-2　北京种业企业并购整合风险因素

并购阶段	一级指标	二级指标
并购前期	政策风险	国家干预风险 R1
		政策变动风险 R2
	战略风险	战略匹配度 R3
		并购战略规划不完善 R4

（续）

并购阶段	一级指标	二级指标
并购期	目标企业选择和评估风险	信息不对称风险 R5
		目标企业选择风险 R6
		目标企业估值风险 R7
	法律风险	法律问题处理不当风险 R8
		相关法律体系不完善风险 R9
	财务风险	支付风险 R10
		融资风险 R11
整合期	人力整合风险	核心人员的离职风险 R12
		管理制度差异对人力造成的冲击风险 R13
	财务整合风险	财务协同效应风险 R14
		收益分配风险 R15
	技术整合风险	技术转移风险 R16
		技术不适风险 R17
		技术应用风险 R18
	文化整合风险	文化融合程度 R19
		多元文化包容度 R20

四、并购整合风险因素层级关系

（一）识别并判断并购整合风险因素之间的关系

按照 ISM 专家小组成员结合自身并购和风险管理研究经验，确定表 5-2 中各风险要素因素之间的互相影响关系，将各风险因素之间的逻辑关系用 V、A、X、O 表示，具体表示内容如公式所示。

$$a_{ij} = \begin{cases} V & \text{因素 } i \text{ 影响 } j \\ A & \text{因素 } j \text{ 影响 } i \\ X & \text{因素 } i, j \text{ 互相影响} \\ O & \text{因素 } i, j \text{ 无影响} \end{cases} \quad (5-2)$$

根据公式（5-2），构建各风险因素关系图，如图 5-7 所示。

风险因素	R1	R2	R3	R4	R5	R6	R7	R8	R9	R10	R11	R12	R13	R14	R15	R16	R17	R18	R19	R20
R1	O	O	O	A	O	O	A	O	A	O	O	O	O	A	O	O	O	O	O	O
R2	O	O	A	O	O	O	O	A	O	O	O	O	O	O	O	O	O	O	O	O
R3	O	V	O	O	V	A	O	O	O	O	O	O	A	O	O	O	O	O	O	O
R4	V	O	O	O	V	O	O	V	O	V	A	A	A	A	O	O	O	O	O	O
R5	O	O	A	A	O	A	A	O	A	O	O	O	O	O	A	O	V	V	O	O
R6	O	O	V	O	V	V	O	O	O	O	O	O	O	O	A	A	A	O	O	O
R7	V	O	O	O	V	A	O	O	O	V	O	O	O	A	O	O	O	O	O	O
R8	O	V	O	V	O	O	O	O	A	O	O	O	A	A	O	O	O	O	O	O
R9	A	O	O	O	V	O	O	O	O	O	O	O	A	O	O	O	O	O	O	O
R10	O	O	O	A	O	O	A	O	A	O	O	O	O	O	O	O	O	O	O	O
R11	O	O	O	V	O	O	O	O	O	O	O	O	O	O	O	O	O	O	O	O
R12	O	O	O	V	O	O	O	O	O	O	O	O	O	O	A	O	V	V	O	O
R13	O	O	O	V	O	O	O	O	O	O	O	O	O	A	O	O	O	O	O	V
R14	V	O	V	O	O	O	V	V	V	V	V	V	V	O	V	O	O	O	O	O
R15	O	O	O	O	V	O	O	V	O	O	O	O	O	A	O	O	O	O	O	O
R16	O	O	O	O	V	O	O	O	O	O	O	O	O	O	O	O	A	O	O	O
R17	O	O	O	O	V	O	O	O	O	O	O	O	O	O	O	O	O	A	V	V
R18	O	O	O	A	V	O	O	O	O	O	A	O	O	O	A	A	O	V	O	O
R19	O	O	V	O	O	O	O	O	O	O	O	O	O	O	O	O	O	V	O	V
R20	O	O	O	O	O	O	O	O	O	O	O	O	O	O	A	O	A	O	O	A

图 5-7　种业企业并购整合风险因素关系

（二）计算邻接矩阵

基于图 5-7 所示的各风险因素之间的逻辑关系，利用公式（5-1），即 $a_{ij}=1$，表示两因素之间有影响关系，$a_{ij}=0$，则代表两因素之间无关系，来确定邻接矩阵 A。

$$A=\begin{bmatrix}
0 & 0 & 0 & 0 & 0 & 0 & 1 & 0 & 1 & 0 & 0 & 0 & 0 & 0 & 1 & 0 & 0 & 0 & 0 & 0 \\
0 & 0 & 1 & 0 & 0 & 0 & 0 & 1 & 0 & 0 & 0 & 0 & 0 & 0 & 0 & 0 & 0 & 0 & 0 & 0 \\
0 & 1 & 0 & 0 & 1 & 1 & 0 & 0 & 0 & 0 & 0 & 0 & 0 & 1 & 0 & 0 & 0 & 0 & 0 & 0 \\
1 & 0 & 0 & 0 & 1 & 0 & 0 & 1 & 0 & 1 & 1 & 1 & 1 & 1 & 0 & 0 & 0 & 0 & 0 & 0 \\
0 & 0 & 1 & 1 & 0 & 1 & 1 & 0 & 1 & 0 & 0 & 0 & 0 & 0 & 0 & 1 & 0 & 1 & 1 & 0 \\
0 & 0 & 1 & 0 & 1 & 1 & 0 & 0 & 0 & 0 & 0 & 0 & 0 & 0 & 0 & 0 & 1 & 1 & 1 & 0 \\
1 & 0 & 0 & 0 & 1 & 1 & 0 & 0 & 0 & 1 & 0 & 0 & 0 & 0 & 1 & 0 & 0 & 0 & 0 & 0 \\
0 & 1 & 0 & 1 & 0 & 0 & 0 & 0 & 1 & 0 & 0 & 0 & 0 & 0 & 1 & 1 & 0 & 0 & 0 & 0 \\
1 & 0 & 0 & 0 & 1 & 0 & 0 & 1 & 0 & 1 & 0 & 0 & 0 & 0 & 1 & 0 & 0 & 0 & 0 & 0 \\
0 & 0 & 0 & 1 & 0 & 0 & 1 & 0 & 1 & 1 & 0 & 0 & 0 & 0 & 1 & 0 & 0 & 0 & 0 & 0 \\
0 & 0 & 0 & 0 & 0 & 0 & 1 & 0 & 0 & 0 & 0 & 0 & 0 & 0 & 0 & 0 & 0 & 0 & 0 & 0 \\
0 & 0 & 0 & 0 & 0 & 0 & 0 & 0 & 0 & 0 & 0 & 0 & 0 & 0 & 1 & 0 & 0 & 1 & 1 & 0 \\
0 & 0 & 0 & 0 & 0 & 0 & 0 & 0 & 0 & 0 & 0 & 0 & 0 & 0 & 1 & 0 & 0 & 0 & 0 & 1 \\
1 & 0 & 1 & 0 & 0 & 0 & 1 & 1 & 1 & 1 & 1 & 1 & 1 & 1 & 0 & 1 & 0 & 0 & 0 & 0 \\
0 & 0 & 0 & 0 & 1 & 0 & 0 & 1 & 0 & 0 & 0 & 0 & 0 & 0 & 1 & 0 & 0 & 0 & 0 & 0 \\
0 & 0 & 0 & 0 & 0 & 1 & 0 & 0 & 0 & 0 & 0 & 0 & 0 & 0 & 0 & 0 & 0 & 1 & 0 & 0 \\
0 & 0 & 0 & 0 & 0 & 1 & 0 & 0 & 0 & 0 & 0 & 0 & 0 & 0 & 0 & 0 & 0 & 1 & 1 & 1 \\
0 & 0 & 0 & 0 & 1 & 1 & 0 & 0 & 0 & 0 & 0 & 1 & 0 & 0 & 0 & 1 & 1 & 0 & 1 & 0 \\
0 & 0 & 1 & 0 & 0 & 0 & 0 & 0 & 0 & 0 & 0 & 0 & 0 & 0 & 0 & 0 & 0 & 1 & 0 & 1 \\
0 & 0 & 0 & 0 & 0 & 0 & 0 & 0 & 0 & 0 & 0 & 0 & 0 & 0 & 1 & 0 & 1 & 0 & 0 & 1 \\
\end{bmatrix}$$

（三）计算可达矩阵

按照 $A1=(A+I)$，$An=(A+I)n$，当 $An=An-1$ 时，可达矩阵则为 $M=An-1$。利用以上规则计算邻接矩阵的可达矩阵，可得 $A1\neq A2\neq A3\neq A4\neq A5=A6$，即 $M=A5$，如下式：

$$M=\begin{bmatrix}
0 & 1 & 0 & 0 & 0 & 0 & 0 & 0 & 0 & 0 & 0 & 0 & 0 & 0 & 1 & 0 & 0 & 0 & 0 & 0 & 0 & 0 \\
1 & 0 & 1 & 0 & 0 & 0 & 0 & 0 & 0 & 0 & 0 & 0 & 0 & 0 & 1 & 0 & 0 & 0 & 0 & 0 & 0 & 0 \\
1 & 1 & 0 & 1 & 0 & 0 & 0 & 0 & 0 & 0 & 0 & 0 & 0 & 0 & 1 & 0 & 0 & 0 & 0 & 0 & 0 & 0 \\
1 & 1 & 0 & 1 & 1 & 0 & 0 & 0 & 0 & 0 & 0 & 0 & 0 & 0 & 1 & 0 & 0 & 0 & 0 & 0 & 0 & 0 \\
1 & 1 & 1 & 0 & 0 & 1 & 0 & 0 & 0 & 0 & 0 & 0 & 0 & 0 & 1 & 0 & 0 & 0 & 0 & 0 & 0 & 0 \\
0 & 0 & 0 & 0 & 0 & 0 & 1 & 1 & 0 & 0 & 0 & 0 & 0 & 1 & 1 & 0 & 0 & 0 & 0 & 0 & 0 & 0 \\
0 & 0 & 0 & 0 & 0 & 0 & 0 & 0 & 0 & 0 & 0 & 0 & 0 & 0 & 0 & 0 & 0 & 0 & 0 & 0 & 0 & 0 \\
1 & 0 & 0 & 0 & 0 & 0 & 0 & 1 & 1 & 0 & 0 & 0 & 0 & 0 & 1 & 0 & 0 & 0 & 0 & 0 & 0 & 0 \\
0 & 0 & 0 & 1 & 0 & 0 & 0 & 0 & 0 & 1 & 0 & 0 & 0 & 0 & 1 & 0 & 0 & 0 & 0 & 0 & 0 & 0 \\
0 & 0 & 0 & 0 & 0 & 0 & 0 & 0 & 0 & 1 & 0 & 0 & 0 & 0 & 1 & 0 & 0 & 0 & 0 & 0 & 0 & 0 \\
0 & 0 & 0 & 0 & 0 & 0 & 0 & 0 & 1 & 0 & 0 & 0 & 1 & 0 & 1 & 0 & 0 & 0 & 0 & 0 & 0 & 0 \\
0 & 0 & 0 & 0 & 0 & 0 & 0 & 0 & 0 & 0 & 0 & 0 & 0 & 0 & 1 & 0 & 0 & 0 & 0 & 0 & 0 & 0 \\
0 & 0 & 0 & 0 & 0 & 0 & 0 & 0 & 0 & 0 & 0 & 0 & 0 & 0 & 0 & 0 & 0 & 0 & 0 & 0 & 0 & 0 \\
1 & 0 & 0 & 0 & 0 & 0 & 0 & 0 & 0 & 0 & 0 & 0 & 1 & 1 & 0 & 0 & 0 & 0 & 0 & 0 & 0 & 0 \\
1 & 1 & 1 & 1 & 1 & 1 & 0 & 0 & 0 & 0 & 0 & 0 & 1 & 1 & 1 & 0 & 0 & 0 & 0 & 0 & 0 & 0 \\
1 & 1 & 1 & 1 & 1 & 1 & 1 & 1 & 1 & 1 & 1 & 1 & 1 & 1 & 1 & 1 & 1 & 1 & 1 & 1 & 1 & 1 \\
1 & 1 & 0 & 1 & 1 & 0 & 0 & 1 & 0 & 0 & 0 & 0 & 1 & 1 & 0 & 0 & 1 & 1 & 0 & 0 & 0 & 0 \\
1 & 0 & 0 & 0 & 0 & 0 & 1 & 0 & 0 & 0 & 0 & 0 & 1 & 1 & 0 & 0 & 0 & 1 & 0 & 0 & 0 & 0 \\
1 & 1 & 1 & 1 & 1 & 1 & 1 & 1 & 1 & 1 & 1 & 1 & 1 & 1 & 1 & 1 & 1 & 1 & 1 & 1 & 1 & 1 \\
0 & 0 & 0 & 0 & 0 & 0 & 0 & 0 & 0 & 0 & 0 & 0 & 0 & 0 & 0 & 0 & 0 & 0 & 0 & 0 & 0 & 0 \\
\end{bmatrix}$$

(四) 对可达矩阵 M 中的各影响因素进行级间分解及层次化处理

对求得的可达集 $E(Vi)$ 受元素 Ri 影响的因素集合，对先行集 $S(Vi)$ 影响因素 Ri 的因素集合，$T(Vi)=S(Vi)\bigcap E(Vi)$ 为二者交集。其各风险因素之间的关系集合如表 5-3 所示。

表 5-3 可达矩阵各元素之间的关系集合

元素 Vi	先行集 $S(Vi)$	可达集 $E(Vi)$	共同集 $T(Vi)$
$R1$	1, 3, 4, 5, 6, 9, 15—20	1, 14, 21	1
$R2$	2, 4, 5, 6, 16, 17, 28, 20	2, 21	2
$R3$	3, 6, 16, 17, 20	1, 3, 14, 21	3

（续）

元素 Vi	先行集 $S(Vi)$	可达集 $E(Vi)$	共同集 $T(Vi)$
$R4$	4，5，16，17，18，20	1，2，4，14，21	4
$R5$	5，16，17，18，20	1，2，4，5，14，21	5
$R6$	6，16，17，20	1，2，3，6，14，21	6
$R7$	7，17，20	7，8，13，14，21	7
$R8$	7，8，9，17，19，20	8，14，21	8
$R9$	9，17，12	1，8，9，14，21	9
$R10$	10，17，12	10，14，21	10
$R11$	11	11，14，21	11
$R12$	12	12，14，21	12
$R13$	13，17，20	13，14，21	13
$R14$	1，3，4，5，6，7-20	14，21	14
$R15$	15，16，17，18，19，20	1，14，15，21	15
$R16$	16，17，20	1，2，3，4，5，6，14，15，16，21	16
$R17$	17，20	1，2，3-10，13，14，15-21	17，20
$R18$	17，18，20	1，2，4，5，8，14，15，18，19，21	18
$R19$	17，18，19，20	1，8，14，15，19，21	19
$R20$	17，20	1，2，3-10，13，14-21	17，20
$R21$	21	21	21

（五）各级先行集合、可达集合及其交集的结果

根据表 5-3 可知，所有影响因素 Vi 的共同集 $T(Vi)=\{Vi \in N | S(Vi) \bigcap E(Vi)=E(Vi)\}=\{21\} \neq \Phi$，因此影响元素 Vi 构成的系统有一个连通域，然后以 $S(Vi) \bigcap E(Vi)=E(Vi)$ 的原则，得出其最高层因素 $R21$，将 $R21$ 从表 5-3 中去掉，再依次循环此过程，最后得出北京种业企业并购整合风险因素可划分为 7 个级别的层次结构关系。其中各级先行集合、可达集合及其交集的结果，如表 5-4 至表 5-9 所示。

表 5-4　第二级先行集合、可达集合及其交集

元素 Vi	先行集 $S(Vi)$	可达集 $E(Vi)$	共同集 $T(Vi)$
$R1$	1，3，4，5，6，9，15-20	1，14	1
$R2$	2，4，5，6，16，17，28，20	2	2
$R3$	3，6，16，17，20	1，3，14	3

（续）

元素 V_i	先行集 $S(V_i)$	可达集 $E(V_i)$	共同集 $T(V_i)$
$R4$	4，5，16，17，18，20	1，2，4，14	4
$R5$	5，16，17，18，20	1，2，4，5，14	5
$R6$	6，16，17，20	1，2，3，6，14	6
$R7$	7，17，20	7，8，13，14	7
$R8$	7，8，9，17，19，20	8，14	8
$R9$	9，17，12	1，8，9，14	9
$R10$	10，17，12	10，14	10
$R11$	11	11，14	11
$R12$	12	12，14	12
$R13$	13，17，20	13，14	13
$R14$	1，3，4，5，6，7-20	14	14
$R15$	15，16，17，18，19，20	1，14，15	15
$R16$	16，17，20	1，2，3，4，5，6，14，15，16	16
$R17$	17，20	1，2，3-10，13，14，15-20	17，20
$R18$	17，18，20	1，2，4，5，8，14，15，18，19	18
$R19$	17，18，19，20	1，8，14，15，19	19
$R20$	17，20	1，2，3-10，13，14-20	17，20

表 5-5　第三级先行集合、可达集合及其交集

元素 V_i	先行集 $S(V_i)$	可达集 $E(V_i)$	共同集 $T(V_i)$
$R1$	1，3，4，5，6，9，15-20	1	1
$R3$	3，6，16，17，20	1，3	3
$R4$	4，5，16，17，18，20	1，4	4
$R5$	5，16，17，18，20	1，4，5	5
$R6$	6，16，17，20	1，3，6	6
$R7$	7，17，20	7，8，13	7
$R8$	7，8，9，17，19，20	8	8
$R9$	9，17，12	1，8，9	9
$R10$	10，17，12	10	10
$R11$	11	11	11
$R12$	12	12	12
$R13$	13，17，20	13	13

（续）

元素 V_i	先行集 $S(V_i)$	可达集 $E(V_i)$	共同集 $T(V_i)$
$R15$	15，16，17，18，19，20	1，15	15
$R16$	16，17，20	1，3，4，5，6，15，16	16
$R17$	17，20	1，3-10，13，15-20	17，20
$R18$	17，18，20	1，4，5，8，15，18，19	18
$R19$	17，18，19，20	1，8，15，19	19
$R20$	17，20	1，3-10，13，15-20	17，20

表 5-6　第四级先行集合、可达集合及其交集

元素 V_i	先行集 $S(V_i)$	可达集 $E(V_i)$	共同集 $T(V_i)$
$R3$	3，6，16，17，20	3	3
$R4$	4，5，16，17，18，20	4	4
$R5$	5，16，17，18，20	4，5	5
$R6$	6，16，17，20	3，6	6
$R7$	7，17，20	7	7
$R9$	9，17，12	9	9
$R15$	15，16，17，18，19，20	15	15
$R16$	16，17，20	3，4，5，6，15，16	16
$R17$	17，20	3，4，5，6，7，9，15-20	17，20
$R18$	17，18，20	4，5，15，18，19	18
$R19$	17，18，19，20	15，19	19
$R20$	17，20	3，4，5，6，7，9，15-20	17，20

表 5-7　第五级先行集合、可达集合及其交集

元素 V_i	先行集 $S(V_i)$	可达集 $E(V_i)$	共同集 $T(V_i)$
$R5$	5，16，17，18，20	5	5
$R6$	6，16，17，20	6	6
$R16$	16，17，20	5，6，16	16
$R17$	17，20	5，6，16-20	17，20
$R18$	17，18，20	5，18，19	18
$R19$	17，18，19，20	19	19
$R20$	17，20	5，6，16-20	17，20

表 5-8　第六级先行集合、可达集合及其交集

元素 V_i	先行集 $S(V_i)$	可达集 $E(V_i)$	共同集 $T(V_i)$
$R16$	16，17，20	16	16
$R17$	17，20	16，17，18，20	17
$R18$	17，18，20	18	18
$R20$	17，20	16，17，18，20	17，20

表 5-9　第七级先行集合、可达集合及其交集

元素 V_i	先行集 $S(V_i)$	可达集 $E(V_i)$	共同集 $T(V_i)$
$R17$	17，20	17，20	17，20
$R20$	17，20	17，20	17，20

根据得到的七个层级的各风险因素之间的关系，建立北京种业企业并购整合风险因素 ISM 模型，如图 5-8 所示，具体到各风险因素之间的层级关系及所处并购阶段，如表 5-10 所示。

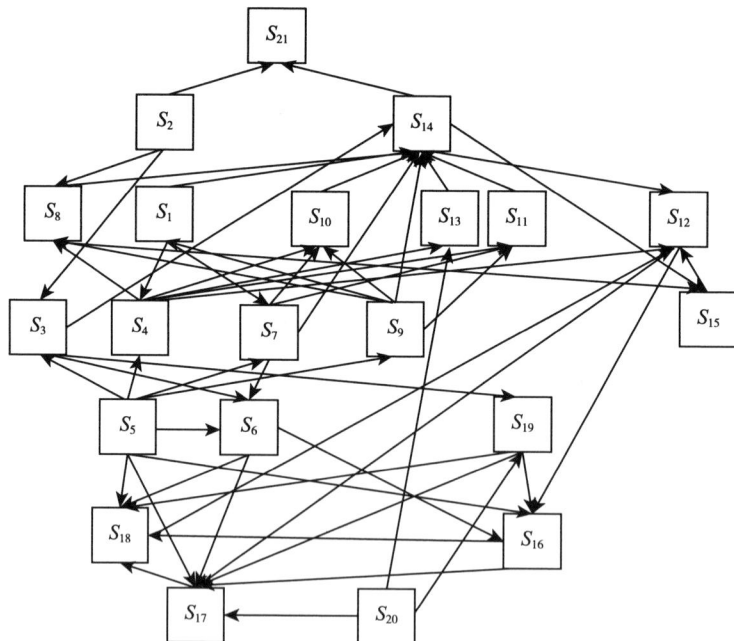

图 5-8　北京种业企业并购整合风险因素 ISM 模型

表 5－10　北京种业企业并购整合风险因素层次机构

级别	包含因素	并购阶段
级别 1	北京种业企业并购整合风险因素 R21	
级别 2	政策变动风险 R2	并购前期
	财务协同效应风险 R14	整合期
级别 3	国家干预风险 R1	并购前期
	法律问题处理不当风险 R8	
	支付风险 R10	
	融资风险 R11	并购期
	核心人员的离职风险 R12	
	管理制度差异对人力造成的冲击风险 R13	整合期
级别 4	战略匹配度 R3	并购前期
	并购战略规划不完整 R4	
	目标企业估值风险 R7	
	相关法律体系不完善 R9	并购期
	收益分配风险 R15	整合期
级别 5	信息不对称风险 R5	
	目标企业选择风险 R6	并购期
	文化融合程度 R19	整合期
级别 6	技术转移风险 R16	
	技术应用风险 R18	整合期
级别 7	技术不适应风险 R17	
	多元企业文化包容度风险 R20	整合期

第四节　北京种业企业风险因素识别结果

根据 ISM 模型结果显示：北京种业企业并购整合风险因素之间是一个具有 7 层的多级递进系统。由其层级关系我们可知，影响北京种业企业并购整合最直接风险因素是：政策变动风险和财务协同效应风险。政策变动风险属于国家宏观层面的风险，北京作为全国政治中心和国内外种业企业聚集中心，北京种业企业需要密切关注国家和北京市种业相关政策法规和行业规划，顺应我国种业发展趋势，减少政策变动对并购整合风险的影响程度，重点在创新研发育种和确保粮食安全方面下工夫。是否能产生财务协同效应也是直接影响种业企业并购整合是否成功的直接风险因素，因此，在并购时要充分了解并购目标企业财务相关信息。现代种业是资本密集型、科技密集型产业，更要注重财务整合的协同效应。影响北京种业企业并购整合中间层次的风险因素是并购战略规划不完整、国家干预风险，主要表现在并购前期风险和并购期风险，所含风险因素较多，因此可注重风险因素之间的互相影响，提升对其互相影响的理性认知，可融合大数据、人工智能等新技术，借鉴国外龙头种业企业并购整合风险监测先进经验，完善北京种业企业并购整合风险因素监测系统，识别和制定并购整合过程中能够真实、准确反映风险情况的指标体系，切实做好风险预测预报工作。深层次的原因主要是多元企业文化包容度、技术不适应风险，二者均为整合期涉及的风险因素，这与我国当前种业行业的并购整合发展现状较一致，因此，在北京种业企业并购整合过程中，应多注重整合期风险因素的识别与防范。

整合期风险能否有效防范，对种业企业并购是否成功具有关键作用，北京种业企业因其独有的地理位置，在人才和市场环境方面具有相对优势，因此种业企业在并购整合过程中应注重对并购整合管理人才的培养，注重文化整合的重要性，尤其关注财务及技术整合风险的管理。种业企业进行并购整合的主要目的还是实现收益最大化，因此财务整合又是整合期风险管理的核心，种业企业可选派财务整合专业人员依据财务整合相关理论知识，构建一套符合种业企业自身的财务整合管理体系，针对并购目标企业的投融资活动进行管理，把控并购过程中的各种费用，保障财务整合成功，以提高种业企业并购整合成功率。育种技术的创新能力是种业企业的核心竞争力，直接关系到种业企业并购整合项目成功与否，所以技术研发部门应主要负责对技术整合风险的防控，提升本企业与并购企业的技术整合能力。

主要参考文献

［1］陈岩. HT 公司并购风险管理研究［D］. 天津：南开大学，2020.

［2］胡玄能. 企业并购分析［D］. 北京：中国社会科学院研究生院，2001.

［3］黄美霞，侯军岐，王纪元．北京种业企业并购整合战略的建议［J］．中国种业，2017
（9）：11-15．

［4］贾蕊萌．基于 AHP-FCE 模型的 A 保险公司绩效评价研究［D］．沈阳：沈阳工业大
学，2017．

［5］廖荣．基于模糊评价法的徐大堡核电建设项目风险管理研究［D］．衡阳：南华大
学，2015．

［6］林季红，刘莹．中国企业海外并购绩效研究——以并购整合为视角［J］．厦门大学学报
（哲学社会科学版），2013（6）：115-124．

［7］刘宇彬．基于熵修正的层次分析法的电网薄弱线路的评判与分析［D］．长沙：长沙理工
大学，2014．

［8］罗群辉，宁宣熙．企业并购整合中的协同效应研究［J］．世界经济与政治论坛，2008
（5）：92-97．

［9］马浚洋，等．宝能系并购中期风险识别、评估与控制——基于 AHP-AGA 改进综合模
糊评价方法［J］．中国注册会计师，2016（9）：48-55．

［10］王培培．国内企业并购的风险分析与防范［J］．中国管理信息化，2021，24（9）：52-
53．

［11］吴金华，张迟，耿业朋，等．全球种业现状及发展趋势分析［J］．安徽化工，2017，
43（1）：12-14．

［12］向涛．浅谈企业并购风险［J］．财会月刊，2020（S1）：85-87．

［13］徐顺明．企业并购整合阶段风险及其防范研究［D］．大连：东北财经大学，2020．

［14］杨洁．企业并购整合研究［D］．长春：吉林大学，2004．

［15］杨卫武．我国农业企业并购目标选择及风险研究［D］．杨凌：西北农林科技大
学，2010．

［16］杨益军．全球（中国）农化行业的现状和预测［J］．农药市场信息，2017（25）．

［17］应霄鹏．医药企业并购整合风险管理研究——以复星医药为例［D］．杭州：浙江工商
大学，2014．

［18］游红莲．企业并购整合的风险管理述评［J］．法制与经济，2011（3）：112-113．

［19］张晓慧．中国上市公司并购重组企业价值评估：现状、影响及改进［D］．北京：中央
财经大学，2016．

［20］郑明贵，文唯，杨欣．海外矿山并购项目层面风险评价［J］．黄金科学技术，2019，
27（4）：598-608．

［21］Birkinshaw J，Bresman H，Håkanson L. Managing the Post-acquisition Integration
Process：How the Human Integration and Task Integration Processes Interact to Foster
Value Creation［J］．Journal of Management Studies，2016，37（3）：395-425．

［22］ Chen J L. Study on the financing risk of traditional Enterprise mergers and acquisitions in China——Taking Midea's merger and acquisition of Kuka as an example ［J］. Economic Research Guide，2019（23）.

［23］ Kor Y，Mahoney J T，Siemsen E，et al. Penrose's the Theory of the Growth of the Film：An Exemplar of Engaged Scholarship ［J］. Production & Operations Management，2016，25（10）：1727－1744.

［24］ Nikolaeva L，Oborotova N，Bunyatyan N，et al. The Development of a Parenteral Pharmaceutical Formulation of a New Class of Compounds of Nitrosourea ［J］. Pharmaceuticals，2016，9（4）：68.

［25］ Robert J. Borghese，M&A From Planning to Intergration ［M］. New York：Mcgraw－Hill 2001：57－82.

［26］ Zollo M，Singh H. Deliberate Learning in Corporate Acquisitions：Post－acquisition Strategies and Integration Capability in U. S. Bank Mergers ［J］. Strategic Management Journal，2004，25（13）：1233－1256.

附录一

北京种业企业并购整合风险因素调查问卷

您好：

我们是长期从事种业发展研究工作者，本调查问卷用于科研项目学术研究，您的参与非常重要。非常感谢您的作答。

一、基本资料

姓名：＿＿＿＿＿＿＿＿　　　　学历：＿＿＿＿＿＿＿＿

单位：＿＿＿＿＿＿＿＿　　　　职务或职称：＿＿＿＿＿＿＿＿

二、对于表 A2 北京种业企业并购整合风险因素来说，您认为以下各个因素对北京种业企业并购整合影响程度如何，请根据您个人的见解，在对应的编号上打勾（或做上标记）。

表 A1　风险影响程度评语集

评价值	评语
5 分	强
4 分	较强
3 分	一般
2 分	弱
1 分	较弱

根据表 A1 评语含义，请您评价以下因素对于北京种业企业并购整合风险影响程度，在 A2 表格方框内打勾：

表 A2　北京种业企业并购整合风险专家评分表

序号	风险指标	弱	较弱	一般	较强	强
		1	2	3	4	5
1	国家干预风险					
2	政策变动风险					
3	战略匹配度					

（续）

序号	风险指标	弱	较弱	一般	较强	强
		1	2	3	4	5
4	并购战略规划不完善					
5	市场供需变化					
6	市场竞争者					
7	产品生命周期					
8	信息不对称风险					
9	目标企业选择风险					
10	目标企业估值风险					
11	法律问题处理不当风险					
12	相关法律体系不完善风险					
13	支付风险					
14	融资风险					
15	谈判经验缺乏风险					
16	谈判顺利与否风险					
17	核心人员的离职风险					
18	管理制度差异对人力造成的冲击风险					
19	财务协同效应风险					
20	收益分配风险					
21	技术转移风险					
22	技术不适应风险					
23	技术应用风险					
24	文化融合程度					
25	多元文化包容度					

本问卷到此结束，再次感谢您的参与！

附录二

北京种业企业并购整合风险识别 ISM 模型—可达矩阵计算源代码

```
function matrixSqrt( $ arr){
    $ len=count( $ arr);
    $ res=[];
    for( $ i=0; $ i< $ len; $ i++){
        for( $ j=0; $ j< $ len; $ j++){
            $ res[ $ i][ $ j]=0;
            for( $ col=0, $ row=0; $ col< $ len; $ col++, $ row++){
                $ res[ $ i][ $ j]|= $ arr[ $ i][ $ col]&& $ arr[ $ row][ $ j];
            }
        }
    }
    $ k=4;
    while( $ k-->0){
        for( $ i=0; $ i< $ len; $ i++){
            for( $ j=0; $ j< $ len; $ j++){
                for( $ col=0, $ row=0; $ col< $ len; $ col++, $ row++){
                    $ res[ $ i][ $ j]|= $ res[ $ i][ $ col]&& $ arr[ $ row][ $ j];
                }
            }
        }
    }
return $ res;
    }
```

第六章　北京种业企业并购整合风险评价

　　风险识别、风险评价是风险管理的前提。本章通过构建北京种业企业并购整合风险层次结构模型，客观评价北京种业企业并购整合风险。该模型包含 5 个一级指标和 20 个二级指标。将总结出的影响因素制成问卷，通过专家打分法及"1～9"标度法计算出北京种业企业并购整合过程中各风险因素的综合评价权重。从评价结果可以看出，对北京种业企业并购整合风险因素影响较大的一级指标是整合期的技术及文化整合，以及并购期的法律风险及财务风险；影响较大的二级指标分别为技术应用风险、技术不适应风险、核心人员离职风险、技术转移风险、财务协同效应风险、目标企业选择风险、多元文化包容度等。从并购企业风险视角可以得出，北京种业企业并购整合过程中，并购前期风险略低、并购期风险适中、整合期的风险因素最高。

第一节　模糊数学层次分析法

　　目前，针对风险因素进行评价研究的方法主要可分为两种。第一种主要采用定性分析方法，主要针对相应的风险因素进行描述性的一种评价分析，例如风险图表或风险矩阵图法；第二种是定量分析方法，通过对各风险因素的影响程度进行量化的评价分析，例如蒙特卡罗模拟法。单独采用定性或定量的风险评价方法，都不能较为全面地分析北京种业企业并购整合的整体风险，都具有一定的片面性，因此，为弥补采用单独一种方法评价结果准确性不足的问题，北京种业企业并购整合风险评价可选用模糊综合评价法，以定性与定量相结合的方式，对其整体风险进行相应风险评价，为后续制定风险管控措施提供较为清晰的判断依据，辅助发现风险管理过程中产生的问题，并进行动态跟进和优化，完善种业企业并购整合风险管控体系。

　　层次分析法（Analytic Hierarchy Process，AHP）是美国运筹学家

Thomas L. Saaty 于 20 世纪 70 年代提出的一种将定性分析与定量分析相结合，进而解决复杂问题排序和传统主观赋权的方法，适用于涉及多因素、多指标及多方案的项目决策问题研究。

该方法主要利用可量化的指标去解决目标层的问题，通过对目标层连续细化分解，搭建"目标层＋准则层＋指标层"的递阶模型，再通过对各层级因素之间的重要性进行两两比较，从而确定各层级指标的目标权重，最后以加权的方式求出综合指数，并按照综合指数的大小对各层级因素进行排名，进而得到评价结果的一种分析方法。但其在分析过程中主要有两方面的不足：一是在进行各层因素之间重要性比较时受人为的主观意愿影响较大；二是在各因素的比较、权重的确定等方面，计算精度较低。因此，本章在综合考虑各种因素的基础上，选用模糊数学层次分析法。

模糊数学层次分析法（FAHP）是一种风险评价的综合分析方法，即将模糊数学理论与层次分析法相结合，解决复杂问题。由于某些因素难以量化，且相邻层次的边界模糊，采用模糊数学方法对边界不清的风险因素进行量化，可提升评价结果的准确性。

北京种业企业并购整合风险评价涉及多因素、多指标，是一个极其复杂的过程，而模糊数学层次分析法主要是将模糊数学理论和层次分析法相结合，采用模糊数学的方法对某些难以量化的因素或相邻层级界限模糊的指标进行定量化，该方法在解决复杂项目方面实施效果更好。通过对种业企业并购整合各项风险因素的全面评估，了解风险状况，才能更好地实施并购整合的风险防范和控制措施，提高企业并购整合成功率。其具体分析过程，如图6-1所示。

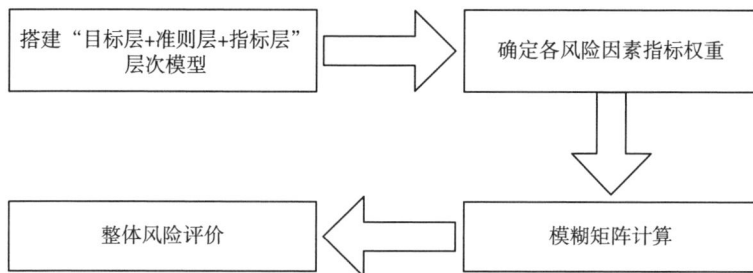

图 6-1　模糊数学层次分析法

第二节　北京种业企业并购整合风险指标体系构建

本模型的目标层为北京种业企业并购整合风险因素评估，准则层包括并购前期、并购期及整合期，准则层下面是指标层。指标层主要由 5 个一级指标、20 个二级风险指标构成（表 6-1）。

表 6-1　北京种业企业并购整合风险因素指标体系

目标层	准则层	一级指标	二级指标
我国种业企业并购整合风险因素评估	并购前期	政策风险及战略风险（A1）	国家干预风险 R1
			政策变动风险 R2
			战略匹配度 R3
			并购战略规划不完善 R4
	并购期	目标企业选择和评估风险（A2）	信息不对称风险 R5
			目标企业选择风险 R6
			目标企业估值风险 R7
		法律风险及财务风险（A3）	法律问题处理不当风险 R8
			相关法律体系不完善风险 R9
			支付风险 R10
			融资风险 R11
	整合期	人力整合风险及财务整合风险（A4）	核心人员的离职风险 R12
			管理制度差异对人力造成的冲击风险 R13
			财务协同效应风险 R14
			收益分配风险 R15
		技术整合风险及文化整合风险（A5）	技术转移风险 R16
			技术不适应风险 R17
			技术应用风险 R18
			文化融合程度 R19
			多元文化包容度 R20

第三节　北京种业企业并购整合风险评价模型

一、专家打分

我们将总结出的影响因素制成问卷，邀请 15 位专家对种业企业并购整合影响因素进行打分，专家组成员以填写调查问卷的方式，对种业企业并购整合项目下的各风险指标进行两两比较打分，本次打分采用"1~9"标度法（其含义如表 6-2）。如将并购期的指标 A_1 与 A_2 进行比较并进行打分，若打分结果为 1，则认为此专家的认知中，A_1 与 A_2 同样重要；若为 3，则 A_1 比 A_2 稍微重要；若为 5，表示相当重要；若为 7，则为明显重要；若为 9，表示绝对重要；若为 2、4、6、8，则为上述指标的中间值。根据所采访的 15 位专家的调研结果，构造区间判断矩阵 $A=(a_{ij})_{n \times n}$，并将其分解为两个一般的 AHP 矩阵 $A^-=(a_{ij}^-)_{n \times n}$ 和 $A^+=(a_{ij}^+)_{n \times n}$，最后求出 A^- 和 A^+ 其对应的特征向量 $w^-=(w_1^-，w_2^-，\cdots，w_n^-)$ 和 $w^+=(w_1^+，w_2^+，\cdots，w_n^+)$。

表 6-2　"1~9"标度法

标度	含义
1	f_i、f_j 两元素同等重要
3	f_i 元素比 f_j 稍微重要
5	f_i 元素比 f_j 明显重要
7	f_i 元素比 f_j 强烈重要
9	f_i 元素比 f_j 极端重要
2，4，6，8	判断相邻中间情况
倒数	$f_{ij}=1/f_{ji}$，若因素 f_i 与因素 f_j 的重要性之比为 f_{ij}，则因素 f_j 与因素 f_i 的重要性之比为 f_{ji}

二、计算指标权重

利用公式：

$$k = \sqrt{\sum_{j=1}^{n} \frac{1}{\sum_{j=1}^{n} a_{ij}^+}} \qquad (6-1)$$

和

$$m = \sqrt{\sum_{j=1}^{n} \frac{1}{\sum_{j=1}^{n} a_{ij}^-}} \qquad (6-2)$$

计算得到修正系数 k 和 m，单因素权重向量 $w=[kw^-, mw^+]$。

在求得单因素权重向量后，求出区间数综合评价排序权重：

$$w_i^{k+1} = \sum_{j=1}^{n} w_j^k w_{ij}^k \qquad (6-3)$$

式中，m 表示方案的个数，w_i^{k+1} 表示方案 i 对层次结构中第 $k+1$ 层某属性的方案权重，n 为某种属性的子属性个数，w_j^k 为 A 在第 k 层的子属性 j 的权重，w_{ij}^k 为方案 i 对子属性 j 的方案权重。

三、指标权重修正

针对区间数综合评价排序权重进行修正，设 $a_i=[a_i^-, a_i^+](i=1, 2, \cdots, n)$，利用公式

$$p(a \geqslant b) = \min\left\{\max\left[\frac{a^+ - b^-}{L(a) + L(b)}, 0\right], 1\right\} \qquad (6-4)$$

可计算得到可能度 $p(a_i \geqslant a_j)$，然后根据其可能度 $p(a_i \geqslant a_j)$ 建立可能度矩阵 $\boldsymbol{P}=(p_{ij})_{n \times n}$，由于矩阵 $\boldsymbol{P}$ 是一个模糊的互补矩阵，利用公式

$$w_i = \frac{1}{n(n-1)}\left(\sum_{j=1}^{n} p_{ij} + \frac{n}{2} - 1\right) \qquad (6-5)$$

可求得矩阵 $\boldsymbol{P}$ 的排序向量 $w=(w_1, w_2, \cdots, w_n)^T$，该向量 $w=(w_1, w_2, \cdots, w_n)^T$ 即为区间层次分析的权重修正值。

根据表 6-1 中建立的指标体系，采取"1~9"标度法，构造各级区间数判断矩阵，通过对 15 位专家成员的问卷调查，得到风险指标相对重要性的权重赋值，经过反复讨论形成判断矩阵。根据式（6-1）、式（6-2）、式（6-3）计算单因素评价权重，利用式（6-4）和式（6-5）可计算得到各因素指标的综合评价权重及权重修正值，其计算结果如表 6-3 至表 6-9 所示。

表 6-3　种业企业并购整合风险一级指标权重

二级指标	A1	A2	A3	A4	A5	k/m	单因素评价权重
A1	[1, 1]	[1, 2]	[1, 2]	[3/2, 5/2]	[1/3, 2/3]		[0.177 2, 0.249 5]
A2	[1/2, 1]	[1, 1]	[1/2, 2/3]	[4/3, 3/2]	[1/2, 2/3]	0.901 5/	[0.142 2, 0.157 4]
A3	[1/2, 1]	[3/2, 2]	[1, 1]	[2, 3]	[1/2, 3/4]	1.076 6	[0.192 1, 0.230 6]
A4	[2/5, 2/3]	[2/3, 3/4]	[1/3, 1/2]	[1, 1]	[1/2, 3/5]		[0.109 2, 0.116 8]
A5	[3/2, 3]	[3/2, 2]	[4/3, 2]	[5/3, 2]	[1, 1]		[0.280 8, 0.322 3]

表 6-4　政策风险及战略风险下的二级指标权重

A1	R1	R2	R3	R4	k/m	单因素评价权重
R1	[1，1]	[2/3，3/4]	[4/3，3/2]	[5/4，4/3]		[0.261 2，0.260 7]
R2	[4/3，3/2]	[1，1]	[5/4，5/3]	[1，3/2]	0.958 2/1.034 7	[0.289 1，0.327 9]
R3	[2/3，3/4]	[3/5，4/5]	[1，1]	[3/4，3/4]		[0.178 1，0.193 0]
R4	[3/4，4/5]	[2/3，1]	[4/3，5/3]	[1，1]		[0.229 9，0.253 2]

表 6-5　目标企业选择和评估风险下的二级指标权重

A2	R5	R6	R7	K/m	单因素评价权重
R5	[1，1]	[3，7/2]	[4，5]		[0.435，0.560]
R6	[2/7，1/3]	[1，1]	[3/2，2]	0.975/1.024	[0.159 9，0.164 6]
R7	[1/5，1/4]	[1/2，2/3]	[1，1]		[0.129，0.141]

表 6-6　法律风险及财务风险下的二级指标权重

A3	R8	R9	R10	R11	K/m	单因素评价权重
R8	[1，1]	[1/2，3/4]	[2/5，4/5]	[3/2，2]		[0.188，0.236]
R9	[4/3，2]	[1，1]	[7/6，8/6]	[3，4]	0.951/1.054	[0.266，0.308]
R10	[5/4，5/2]	[6/8，6/7]	[1，1]	[5/3，2]		[0.319，0.379]
R11	[1/2，2/3]	[1/4，1/3]	[1/2，3/5]	[1，1]		[0.126，0.137]

表 6-7　人力整合风险及财务整合风险下的二级指标权重

A4	R15	R16	R17	R18	K/m	单因素评价权重
R12	[1，1]	[2/3，4/3]	[2，5/2]	[7/3，3]		[0.313，0.362]
R13	[3/4，3/2]	[1，1]	[6/3，6/2]	[9/4，10/4]	0.916/1.068	[0.273，0.280]
R14	[2/5，1/2]	[2/6，3/6]	[1，1]	[2，7/2]		[0.172，0.211]
R15	[1/3，3/7]	[4/10，4/9]	[2/7，1/2]	[1，1]		[0.112，0.115]

表 6-8　技术整合风险及文化整合风险下的二级指标权重

A5	R16	R17	R18	R19	R20	K/m	单因素评价权重
R16	[1，1]	[3/22]	[3/2，2]	[3/2，2]	[1/2，1]		[0.225 8，0.272 9]
R17	[1/2，2/3]	[1，1]	[2/3，3/4]	[5/4，2]	[1/2，2/3]		[0.148 6，0.166 0]
R18	[1/2，2/3]	[4/3，1/2]	[1，1]	[3/5，4/5]	[3/4，4/5]	0.924 8/1.054 6	[0.140 3，0.162 1]
R19	[1/2，2/3]	[1/2，4/5]	[5/4，5/3]	[1，1]	[1/2，2/3]		[0.210，0.223]
R20	[1，2]	[3/2，2]	[5/4，5/3]	[3/2，2]	[1，1]		[0.250 1，0.289 0]

表6-9 北京种业企业并购整合风险因素综合评价权重

并购阶段	目标层 k/m	因素	综合评价权重 k/m	单因素评价权重	因素	二级指标层 单因素评价权重	综合评价权重	权重修正值	排名
并购前期	0.901 5/1.076 6	A1	0.958 2/1.034 7	[0.177 2, 0.249 5]	R1	[0.261 2, 0.260 7]	[0.046 2, 0.065 0]	0.038 0	17
					R2	[0.289 1, 0.327 9]	[0.051 2, 0.061 8]	0.023 6	20
					R3	[0.178 1, 0.193 0]	[0.031 5, 0.048 1]	0.049 5	13
					R4	[0.229 9, 0.253 2]	[0.040 7, 0.063 2]	0.054 1	11
并购期		A2	0.975/1.024	[0.142 2, 0.157 4]	R5	[0.435, 0.560]	[0.039 2, 0.052 3]	0.053 2	12
					R6	[0.159 9, 0.164 6]	[0.044 8, 0.053 1]	0.046 8	14
					R7	[0.129, 0.141]	[0.018 3, 0.022 2]	0.037 6	18
		A3	0.951/1.054	[0.192 1, 0.230 6]	R8	[0.188, 0.236]	[0.036 1, 0.054 4]	0.056 9	10
					R9	[0.266, 0.308]	[0.050 3, 0.064 1]	0.032 1	19
					R10	[0.319, 0.379]	[0.034 8, 0.044 2]	0.044 5	15
					R11	[0.126, 0.137]	[0.024 2, 0.031 6]	0.042 1	16
		A4	0.916/1.068	[0.109 2, 0.116 8]	R12	[0.313, 0.362]	[0.034 2, 0.042 3]	0.067 8	3
					R13	[0.273, 0.280]	[0.052 4, 0.064 6]	0.065 9	4
					R14	[0.172, 0.211]	[0.018 8, 0.024 6]	0.061 2	6
					R15	[0.112, 0.115]	[0.012 2, 0.013 4]	0.058 1	9
整合期		A5	0.924 8/1.054 6	[0.280 8, 0.322 3]	R16	[0.225 8, 0.272 9]	[0.063 4, 0.087 9]	0.063 3	5
					R17	[0.148 6, 0.166 0]	[0.041 7, 0.053 5]	0.076 4	2
					R18	[0.140 3, 0.162 1]	[0.039 4, 0.052 2]	0.089 1	1
					R19	[0.210, 0.223]	[0.029 8, 0.035 1]	0.060 1	7
					R20	[0.250 1, 0.289 0]	[0.070 2, 0.093 1]	0.058 3	8

第四节　北京种业企业并购整合风险评价结论

通过上述北京种业企业并购整合项目风险评价模型的结果，可以得出以下结论：

（1）从风险因素评价权重（表6-9）可以看出，对北京种业企业并购整合项目风险因素影响较大的是整合期的技术整合风险及文化整合风险，以及并购期的法律风险及财务风险，一级指标层单因素评价权重分别为[0.280 8，0.322 3]、[0.192 1，0.230 6]。影响北京种业企业并购整合风险因素的二级指标中影响力排前7位的分别是技术应用风险（0.089 1）、技术不适应风险（0.076 4）、核心人员离职风险（0.067 8）、技术转移风险（0.063 3）、财务协同效应风险（0.061 2）、目标企业选择风险（0.060 1）、多元文化包容度（0.058 3），这7个指标是北京种业企业并购整合过程中的关键风险因素，其对应的并购整合阶段主要在整合期，主要为文化整合风险、技术整合风险，也再次印证目前北京种业企业并购整合过程中整合期的重要性。

（2）从并购企业风险视角可以得出，北京种业企业并购整合过程中，一是并购前期风险略低。并购前期风险主要体现在国家干预风险和政策变动风险。因为种业作为国家战略性、基础性核心产业，在政策层面，针对种业的监管力度与扶持力度均不断加强，所以在并购整合时政府干预和政策变动仍有较大的可能性。二是并购期风险适中。在结构解析模型（ISM）和模糊综合评价模型中，并购期的风险因素集中在模型中层，受并购前期尽职调查、政策变动等风险因素的影响，并购期风险比并购前期风险高。其中主要风险为目标企业选择和评估风险、法律和财务风险，其中最高的是财务风险。三是整合期的风险因素较高，其中技术整合风险最高。主要原因是种业企业的核心能力就是育种创新技术，在技术成果应用和不适应性方面存在一定的风险，若在整合过程中技术整合失败，则违背种业企业并购整合的预期目标。

（3）未来北京种业企业需在创制自主知识产权和利用新种质方面加强攻坚，探索企业与企业之间、企业与科研机构之间的研发合作，加强种质资源与遗传育种研究的密切协作。其他风险依次为财务整合、人力整合、文化整合风险。其中财务整合和人力整合是整合期提供职能支持的关键，若出现问题，则可能造成并购整合失败；文化整合中的文化匹配度和多元文化宽容度，是提高并购整合效率的关键。

主要参考文献

[1] 黄美霞，侯军岐，张雪娇．基于模糊层次分析法的种业并购整合风险分析 [J]．科研管理，2017，38（S1）：325-332．

[2] 贾品，李晓斌，王金秀．几种典型综合评价方法的比较 [J]．中国医院统计，2008，15（4）：351-353．

[3] 刘清伟．企业并购的风险分析及防范措施 [J]．时代经贸，2017（31）：84-85．

[4] 王博，王建玲．企业财务管理风险的模糊多属性评价法 [J]．统计与决策，2019，35（1）：186-188．

[5] 王茜．企业并购风险及其防范 [J]．合作经济与科技，2016（7）：78-79．

[6] 王昱杰．企业跨国并购财务风险控制研究 [D]．北京：北京交通大学，2017．

[7] 吴志平．J 企业并购风险管理研究 [D]．济南：山东大学，2019．

[8] 谢洪明，等．新兴经济体企业连续跨国并购中的价值创造：均胜集团的案例 [J]．管理世界，2019，35（5）：161-178，200．

[9] 徐静航，胡林琪，汪芷伊．企业并购风险分析及防范措施 [J]．当代经济，2017（25）：96-98．

[10] 徐瑶凤．基于 B 公司并购 D 公司的企业并购风险评价模型研究 [D]．哈尔滨：哈尔滨工业大学，2021．

[11] 俞小孟．小微企业众筹融资的风险识别与防范研究 [D]．合肥：中国科学技术大学，2015．

[12] 袁悦．基于模糊层次分析法的互联网企业并购风险评价——以阿里巴巴并购饿了么为例 [J]．中国乡镇企业会计，2020（3）：71-73．

[13] 张丽利．医药流通领域企业并购的风险管理研究 [D]．成都：西南财经大学，2021．

[14] 张留禄，刘宇畅．企业并购技术整合风险分析与评价体系构建 [J]．学习论坛，2018（5）：41-46．

[15] 郑若男．技术吸收型海外并购整合风险研究 [D]．武汉：武汉纺织大学，2020．

[16] 邹燕佳．房地产企业并购风险影响因素研究 [D]．重庆：重庆大学，2017．

[17] Barros R H, Dominguez, Ignacio Lopez. Integration strategies for the success of mergers

and acquisitions in financial services companies [J]. Journal of Business Economics and Management, 2013, 14 (5): 979-992.

[18] Garfinkel JA, Hankins K W. The Role of Risk Management in Mergers and Merger Waves [J]. SSRN Electronic Journal, 2010, 101 (3): 515-532.

[19] Patelli E. COSSAN: A Multidisciplinary Software Suite for Uncertainty Quantification and Risk Management [M]. Springer International Publishing, 2017.

[20] Reim W, Parida V, Sjodin D R. Risk management for product-service system operation [J]. International Journal of Operations & Production Management, 2016, 36 (6): 665-686.

附录

北京种业企业并购整合风险评价
指标相对重要性调查问卷

您好：

我们是长期从事种业发展的研究工作者，本调查问卷用于科研项目学术研究，现需您对北京种业企业并购整合风险各评价指标重要性进行比较，非常感谢。请您根据表 C1 中标度法含义，请在表 C2～表 C7 方框内根据其两者重要性比较填入 1～9 任意数字。

表 C1　标度法含义

标度	含义	说明
1	i、j 两元素同等重要	具有相同的重要性
3	i 元素比 j 元素稍微重要	一个因素比另一个稍微重要
5	i 元素比 j 元素明显重要	一个因素比另一个明显重要
7	i 元素比 j 元素强烈重要	一个因素比另一个重要得多
9	i 元素比 j 元素极端重要	一个因素比另一个极端重要
2，4，6，8	判断相邻中间情况	上述相邻判断的中间值
倒数	$a_{ij}=1/a_{ji}$	含义与上述内容相反

表 C2　二级指标重要性两两比较

指标	政策及战略风险	目标企业选择和评估风险	法律及财务风险	人力及财务整合风险	技术及文化整合风险
政策及战略风险	1				
目标企业选择和评估风险		1			
法律及财务风险			1		
人力及财务整合风险				1	
技术及文化整合风险					1

表 C3　政策及战略风险各指标重要性两两比较

指标	国家干预风险	政策变动风险	战略匹配度	并购战略规划不完善
国家干预风险	1			
政策变动风险		1		
战略匹配度			1	
并购战略规划不完善				1

表 C4　目标企业选择和评估风险各指标重要性两两比较

指标	信息不对称风险	目标企业选择风险	目标企业评估风险
信息不对称风险	1		
目标企业选择风险		1	
目标企业评估风险			1

表 C5　法律及财务风险各指标重要性两两比较

指标	法律问题处理不当风险	相关法律体系不完善风险	支付风险	融资风险
法律问题处理不当风险	1			
相关法律体系不完善风险		1		
支付风险			1	
融资风险				1

表 C6　人力及财务整合风险各指标重要性两两比较

指标	核心人员离职风险	管理制度差异对人力造成的冲击风险	财务协同效应	收益分配
核心人员离职风险	1			
管理制度差异对人力造成的冲击风险		1		
财务协同效应			1	
收益分配				1

表 C7　技术及文化整合风险指标重要性两两比较

指标	技术转移风险	技术不适应风险	技术应用风险	文化融合程度	多元文化包容度
技术转移风险	1				
技术不适应风险		1			
技术应用风险			1		
文化融合程度				1	
多元文化包容度					1

第七章 北京种业企业并购整合风险控制

风险控制是保障北京种业企业并购整合顺利实施的关键。根据风险发生时间，将风险控制目标划分为风险发生前及发生后两部分。北京种业企业并购整合风险应沿着风险诊断识别、风险互动控制、内部控制、风险价值认同控制、风险规则控制和基于优化并购整合方案的基础控制的思路进行。北京种业企业并购整合风险控制措施具体应包含并购前期风险控制措施、并购期风险控制措施和整合期风险控制措施。并购前期的风险控制重点是政策风险及战略风险，企业可以通过种业行业研究、充分了解并购目标企业、完善种业企业并购战略规划、优化并购整合方案等措施来进行处理；并购期风险控制措施主要是通过组建种业企业并购整合项目团队、科学评估目标企业的综合能力等方式实现目标企业选择和风险评估，来降低并购风险；整合期风险控制重点是技术及文化整合风险，企业可以通过建立技术交流平台、进行技术不适应风险的前期调研、建立以信息化为基础的价值认同系统等方式，提高整合成功率，降低并购整合整体风险。

第一节 北京种业企业并购整合
风险控制目标与原则

一、并购整合风险控制目标

北京种业企业并购整合风险控制的第一步是制定风险控制目标，根据风险控制目标进行策略选择。并购整合风险控制目标是在风险识别和评估基础上加以控制和处理，防止并减少风险带来的损失，其最终目标是保障种业企业实现并购整合。北京种业企业并购是为了提升种业企业的核心竞争力，因此明确风险控制目标是进行并购整合风险控制的首要任务。

北京种业企业应根据经营风险发生时间将风险控制目标划分为风险发生

前管理目标和风险发生后管理目标（图 7-1），其中并购整合风险发生前的风险控制目标是避免经营损失发生，减少风险事件发生机会；并购整合风险发生后的风险控制目标是降低经营损失，使种业企业经营尽快恢复至损失前的状态。

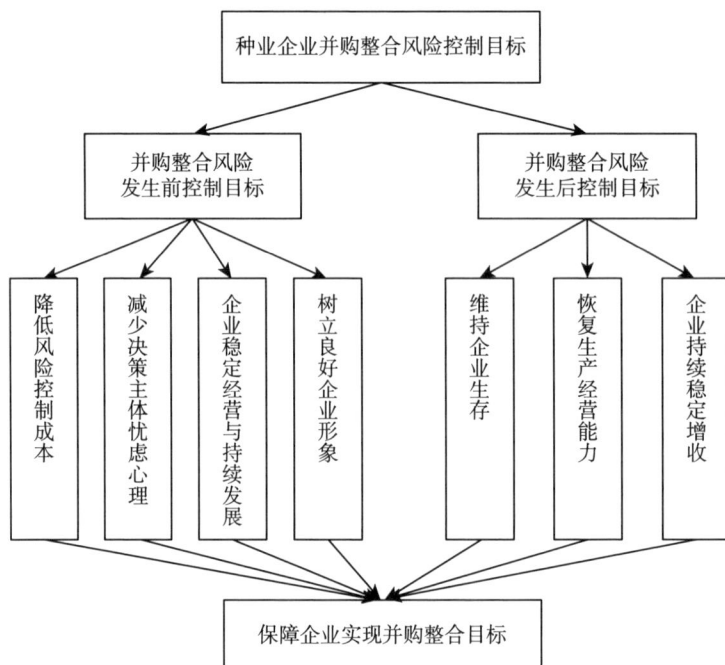

图 7-1　种业企业并购整合风险控制目标

（一）并购整合风险发生前风险控制目标

1. 降低风险控制成本

在北京种业企业并购整合过程中，为达到最大安全保障，并购主体企业应根据自身经营特点，对面临的各类风险通盘考虑，及时采取措施抵消风险，降低风险事件发生对企业可能造成的损失。并购整合风险发生前首要目标是以尽可能低的风险控制成本实现最好的风险控制效果。风险事件的发生会给选择并购整合的主体企业造成损失，增加经营成本，影响其长远发展，并且风险防范措施的实施和运作过程中，需要实现最优技术手段降低风险控制成本。因此，在并购整合风险事件发生前，应对市场套期保值率和防损技术费用等各类风险控制工具进行财务分析，以最低的管理成本实现控制风险。

2. 减少决策主体忧虑心理

北京种业企业并购整合过程中存在的风险，不仅导致种业经营收益上的潜在损失，同时也会给并购决策者带来心理上的紧张和不安等情绪。当风险给并购主体带来风险不确定因素时，焦虑和不适情绪可能会对战略决策者身心健康、执行能力和管理策略判断带来影响。并购决策者日常中的担忧和不安情绪可能会对企业生产经营产生消极影响，导致企业经营规模减小、农作物减产甚至影响种子的供给稳定。因此，在企业的并购整合风险发生前，以减少忧虑心理为目标，有助于使企业并购整合决策主体获得平和心态，通过适当方式解决企业的不利状况。

3. 企业稳定经营与持续发展

首先通过科学的风险控制措施，降低种业企业在并购整合过程中风险的发生，或降低已发生的风险所造成的损失，直接或间接地增加种业企业的经济效益；其次提高种业企业及员工的安全感，增强种业企业在并购整合过程中稳定企业产品经营、获得可观经济效益的信心，提高种业企业应对风险能力，降低风险影响程度。有效的种业企业并购整合风险控制，可使种业企业在并购整合过程中充分了解自身面临的各项风险因素、性质及其影响程度，可针对并购整合各阶段各风险因素不同的特点，及时采取相应风险应对措施来规避或减少风险造成的损失，从而保证风险发生时迅速恢复正常的生产经营活动，维持生产运营的稳定。

4. 树立良好企业形象

树立良好企业形象作为并购整合风险发生前风险控制的优化目标，能够推动北京种业企业进行有效的并购整合风险控制，提高种业企业并购整合成功率。目标是推动并购主体创造一个相对安全稳定的并购整合环境，激发并购整合项目参与者的积极性和创造性，降低并购整合风险发生的概率，为并购整合后的新企业更好地运营创造条件，帮助种业企业树立良好的企业形象。

关于北京种业企业并购整合风险发生前管理目标的研究，应不只局限于企业并购整合后自身创造的价值和收益，同时还需考虑其发展给整个农业发展以及未来农业经营模式的转变革新带来的影响。因此，在对种业企业并购整合决策主体制定风险控制策略时，应着重制定企业并购整合风险损失发生前的风险控制目标。

（二）并购整合风险发生后风险控制目标

北京种业企业在遭遇并购整合风险的情况下，方案是企业能够在面临风险损失的情况下得到持续发展的动力和基础保障，并减少因风险损失造成的影响，尽可能将风险带来的损失恢复到损失前的状态，包括维持企业生存、恢复生产经营能力及持续稳定增收三个方面，其中维持其生存成为并购整合风险发生后风险控制的首要目标。

风险控制目标对于进行并购整合的北京种业企业而言，其首先要面对的是土地、生产设备、劳动力和一系列成本投入，而当面临市场价格下跌导致农产品收益下降，或自然灾害导致农产品产量锐减时，风险因素造成的损失不仅影响企业的持续盈利，还会因前期较高的投入成本和融资成本降低企业的风险承受能力，产生种子企业并购整合的阻力。

并购整合风险的出现会给北京种业企业带来不同程度的损失和伤害，影响或打破其正常生产经营，甚至影响持续发展能力。因此，满足经营风险发生后的风险控制目标要求并购主体企业在损失控制、保险选择和其他风险控制工具的应用上找到平衡点并合理构建风险控制体系，在遭遇并购整合风险后，实现有效的风险控制。

二、并购整合风险控制原则

在北京种业企业并购整合项目中，风险控制原则主要有以下几方面：

第一，以种业企业并购整合战略目标为风险应对的基本原则。在针对种业企业并购整合各阶段风险因素提出相应的风险应对策略时，其中风险因素识别、风险评价及提出风险应对策略等流程中的解决方案执行与决策都要以实现种业企业并购整合战略目标为核心。

第二，种业企业并购整合各阶段融入风险控制原则。在种业企业并购整合的全过程都应将风险控制融入进来，不仅仅为了管理风险而管理，而是在其中的风险识别，评价与管控等方面都不能离开种业企业并购整合整个项目主体来进行。

第三，动态识别介入种业企业并购整合全过程原则。在企业并购整合过程中，风险控制应采用动态识别的方法，时刻根据并购整合过程中各风险因素的变化进行风险控制方案的改进，使得种业企业并购整合风险控制方案实现动态管理，从而做到方案的持续优化及改进。

第四，全员参与的原则。种业企业并购整合项目的风险涉及的维度、层级众多，需要并购企业双方的管理者、并购整合项目参与者及风险管理者的全员参与，使风险从各产生环节得到重视，并及时应对。

三、并购整合风险控制思路

要想减少甚至消除各种风险的破坏性，种业企业需要在全面、准确识别并购整合风险的基础上，积极采取措施，驱动并购整合战略实施，可以基于以下风险控制思路：

（一）并购整合风险诊断识别

种业企业整合风险诊断识别是指根据种业企业的特点、整合的性质、特征、风险来源等不同方面对整合过程中所遇到的风险采取的识别技术。由于种业企业风险的种类有很多，而生成风险的机理又各不相同，为了能够识别种业企业整合过程中可能存在的风险，必须根据相应的风险识别技术进行识别。种业企业整合风险诊断识别是管理者监控战略实施过程的重要工具，可以对其分段进行诊断识别。种业企业整合有四个阶段：制定并购整合策略、选择并购整合对象、进行并购整合谈判、实施并购整合计划。并购整合风险可能在这四个阶段的任意阶段产生，因此在风险识别的过程中要对这四个阶段进行有步骤的全面分析，识别步骤如图7-2所示。

第一步，根据种业企业所处的市场环境，分析种业企业自身的特点以及并购整合企业的特点，制定出并购整合战略。第二步，对种业企业并购整合过程中可能出现的风险进行分析，根据危害程度的高低进行分类。第三步，利用识别技术对整合的四个阶段进行风险识别，识别出的风险再和第二步分类后的风险进行比较。第四步，由第三步的比较结果来决定并购整合是否继续，如果识别出的风险危害程度较小，那么并购整合继续；如果危害程度较大，那么应该选择停止并购整合。

（二）并购整合风险互动控制

种业并购整合风险互动控制就是感知种业企业并购整合战略实施过程

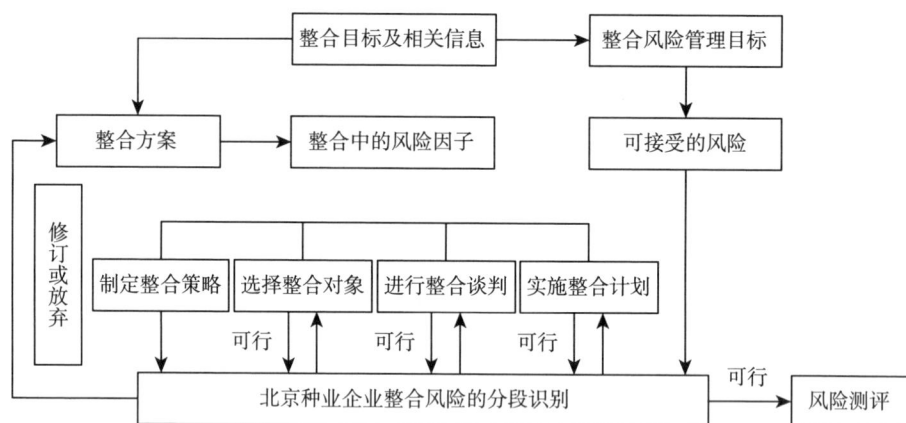

图 7-2　北京种业企业并购整合风险识别流程

中出现的未预料到的内外部变化因素，并做出反应，鼓励企业管理者关注并讨论战略价值创造过程的因果逻辑。面对面的互动讨论能够产生大量关于未来市场环境变化趋势的意见，有利于种业企业管理者形成关于并购整合的新认知，有利于种业企业及时调整并购整合战略，创新科技试验以及其他行动，以适应不断变化的市场环境。种业企业管理者需要及时讨论种业并购整合战略实施过程中的关键战略要素进展情况，从而确定对种业并购整合战略实施具有重大影响的经营管理流程、资源配置和行动安排。

（三）并购整合风险内部控制

内部控制系统是指为了保护公司资产安全、确保信息可靠性而进行的检查和平衡措施，它是任何组织都不可缺少的风险控制基础。种业企业要关注使用最普遍的基础性内部控制系统，防止企业在运营和管理过程中发生故意的违规和非故意的错误。内部控制措施通常包括三种保护类型，即结构保护、信息保护和员工保护，具体措施主要包括：职责分离、设置信息及资源访问权限、及时管理报告、内部审核、外部审计、关键岗位轮换等。

（四）并购整合风险价值认同控制

在完成并购后，为了保证种业企业员工行为与企业并购整合战略方向一致，企业管理者除了建立并购整合整个责任目标与管理体系外，还必须建立以信息化为基础的价值认同系统，创造和提出一系列为大家所能接受的企业价值观和能鼓舞人们实现并购整合战略目标的信条、榜样和标杆，引导和约束员工行为，尤其是各层次管理人员行为，在一系列如战略整合、组织整合、业务整合、财务整合、文化整合等关键问题上进行决策时，能更好地处理创新与稳定、组织利益与个人利益之间的矛盾。同时，对员工进行企业远景、企业价值观等教育与培训，也是员工尤其是企业各层管理人员认同并购整合战略和实施战略的重要手段。

（五）并购整合风险规则控制

在种业企业并购整合过程中，每个企业员工行为都可能越过原来规定好的界限，比如依据原来并购前的习惯，向老顾客、老员工承诺过多，或不愿与自己原来不熟悉的顾客打交道、做交易等，造成企业并购整合战略难以实施的风险。因此，种业企业必须清楚那些不符合公司发展战略，甚至会给企业战略实施带来风险的机会领域和行为，员工尤其是企业高层管理人员必须带头回避和放弃。为此，种业企业需要制定清晰而明确的企业并购整合战略边界，明确具体的行为准则，对员工尤其是企业高层管理人员寻找业务领域与范围、实施具体并购整合行为加以规范，以确保企业并购整合战略与日常行为聚集，有效规避和降低企业并购整合风险。大量案例表明，聚焦的企业并购整合战略创造的战略绩效远远高于多元化的并购整合战略绩效。

（六）优化并购整合方案，进行基础控制

种业企业并购整合方案不是一成不变的，必须符合其科技含量高、创新性强、市场商业化不确定性大、资金需求量大和无形资产地位突出的特殊性。在对种业企业进行整合的过程中可能出现的整合风险进行分析后，要根据风险程度的大小优化并购整合方案，采取基础的风险控制策略。具体表现为对整合阶段进行分析与风险识别后，根据结果与整合方案预期结果进行对比，来查看整合方案的优越性。如果识别出的风险危害程度较小，那么整合方案相对优越可以继续整合；如果危害程度较大，与整合方案预期结果严重不符，那么应该进行整合方案的优化，并采取及时有效的风险控制措施，降低对企业的危害。

第二节 北京种业企业并购整合
风险控制应对措施

一、并购前期的风险控制应对措施

种业企业在其并购前期的政策风险及战略风险（A1），在 ISM 模型中的层次结构主要处于前两级，是种业企业并购整合后期其他风险发生的直接影响因素；在模糊综合评价中风险等级最低，其单因素评价权重为 $[0.172\ 2, 0.249\ 5]$，因此并购前期整体风险发生程度较低，在风险控制方面应着重风险防范策略，完全掌握并购前期所需信息，包括种业企业并购双方财务、法律及经营信息等，以实现控制风险。具体风险的防范措施如下：

（一）政策风险的防范

种业企业并购前期的政策风险包含国家干预风险 $R1$ 和政策变动风险 $R2$，其两类风险在 ISM 模型中分别处于第二级和第三级，属于可直接影响北京种业企业并购整合效果的风险因素；在模糊综合评价中，其单因素评价权重分别为 $[0.261\ 2, 0.260\ 7]$、$[0.289\ 1, 0.327\ 9]$，权重修正值分别为 $0.038\ 0$ 和 $0.023\ 6$，风险影响程度排名分别为 17、20，其发生概率及影响程度较小，因此在针对国家干预风险 $R1$ 和政策变动风险 $R2$ 方面，北京种业企业应理性对待种业企业间的并购整合行为。

在种业企业并购整合过程中，涉及的政策风险因素众多，在不同地区对种业行业的政策支持度也略有不同，并购发生前后政策的调整很可能会出乎并购双方的预期，因此种业企业在并购前期首先要认真研究当地对种子行业或企业并购整合的相关政策。北京种业企业在并购前期可以通过投资咨询公司等中介机构了解目标企业当地的有关种业行业、企业的政策、法律，确定当地政府是否干预、政策变动概率等情况，对于大概率会发生的政策风险方面的因素进行系统评估，对种业企业并购整合过程中涉及的政策风险因素进行全面的掌握，尽全力减少因信息不对称所产生的风险，尽量减少参与政治阻力较大、法律政策障碍较多的并购整合项目，反之，则可进行并购整合活动。

（二）战略风险的防范

种业企业并购前期的战略风险包含战略匹配度 $R3$ 和并购战略规划不完善风险 $R4$，其两类风险在 ISM 模型处于第四级，处于中间层，间接地影响北京种业企业并购整合效果，是连接直接因素和根本性风险因素的纽带；在模糊综合评价中，其单因素 $R3$ 与 $R4$ 评价权重分别为 $[0.178\ 1，0.193\ 0]$、$[0.229\ 9，0.253\ 2]$，风险影响程度排名分别为 13、11，其影响程度相比较来讲仍略低，因此在针对战略匹配度 $R3$ 和并购战略规划不完善风险 $R4$ 方面，应着重完善种业企业并购整合项目战略目标，注意是否与种业企业战略相悖；在并购整合战略匹配度研究方面，要尽量避免种业企业并购整合动机或目标与种业企业发展总体战略不吻合的风险。具体来说，战略风险受自身定位、战略匹配度、并购时机选择和并购成功经验等因素影响，北京种业企业在并购前期的战略风险防范具体措施如下：

1. 加强种业行业经济形势研究

在全球经济的影响下，我国国内经济增速趋于下滑，各行业企业业绩、投资回报率等也处于下降阶段，进一步延伸到种业行业层面。目前北京种子产业已全面进入成熟期，种业企业面临的主要问题是种子研发成本上涨、市场化程度较低、投资总体回报率低等。因此，应在并购前期充分考虑种业行业及其所处市场宏观环境的发展变化，加强对种业行业周期及产业发展等方面的形势研究，分析自身的竞争优势和劣势，编制较为完整、科学的种业行业分析报告，做好并购战略规划，减小并购结果与目标的偏差。

2. 充分了解并购目标企业

在并购整合前期应加强对并购双方企业所处社会、经济、行业环境及并购目标企业运营发展状况等方面研究及评估，针对种业企业并购整合项目的战略匹配度进行深入分析。可以利用种子行业报告的数据与并购目标企业官方发布的关键数据进行对比分析，准确判断并购目标企业所处生命周期阶段以及在行业中的地位，进而评估并购目标企业的市场前景，成功并购后是否可以提升本企业的核心竞争能力等。在种业企业并购前期，选择战略差异较小的企业进行并购，可以提高并购双方战略匹配度，推动并购双方企业并购后的有效整合，实现协同效应。

3. 完善种业企业并购战略规划

帮助种业企业制定有效的并购整合战略，应切实关注自身企业的运营能力、资金实力等方面的评估，结合种业企业的发展战略定位及预期配置的资源进行并购战略方案制定，选择合适的并购时机，借鉴其他企业并购整合的成功经验，从而为企业并购整合制定出客观、科学合理的并购整合方案，提高并购整合的效果。

4. 优化并购整合方案

北京种业企业并购整合方案不是一成不变的，必须符合其科技含量高、创新性强、市场商业化不确定性大、资金需求量大和无形资产地位突出的特殊性。在进行并购整合的前期，企业可以通过聘请有经验的团队，对可能出现的并购整合风险进行分析，依据风险程度的大小优化并购整合方案，采取基础的风险控制策略。具体表现为企业对并购整合阶段进行分析与风险识别后，对比并购整合方案预期结果，来查看并购整合方案的优越性。如果识别出的风险危害程度较小，那么并购整合方案相对优越可以继续整合；如果危害程度较大，与并购整合方案预期结果严重不符，那么应该进行并购整合方案的优化，并采取及时有效的风险控制措施，降低对并购主体的危害。

二、并购期的风险控制应对措施

种业企业并购期的目标企业选择和评估风险（A2）及法律风险和财务风险（A3）在 ISM 模型中显示的层次结构主要处于中间层，受并购前期风险因素的影响，又影响整合期的风险因素，再加上其涉及风险因素较多，极易产生互相影响。在模糊综合评价中其单因素评价权重分别为 [0.142 2，0.157 4]、[0.192 1，0.230 6]，在并购整合过程中此阶段的风险发生率较高。因此在种业企业并购整合风险控制方面应着重风险防范和风险转移两种策略，以将种业企业并购整合可能发生的风险损失降到最低。种业企业并购期涉及的各项风险的管控措施如下：

（一）目标企业选择和评估风险管控

1. 组建种业企业并购整合项目团队进行调查

由于种业企业并购整合项目涉及的风险因素众多，在其并购整合项目的全过程对并购目标企业的信息掌握不完全，使得种业企业在财务和经营状况两方面对并购目标企业难以进行充分的了解，可能会制定有差错的并购整合计划方案和决策，致使种业企业蒙受巨大损失。且信息不对称风险 $R5$ 在 ISM 模型处于第五级，在模糊综合评价中，其单因素评价权重分别为 $[0.435, 0.560]$，风险影响程度排名 12，其影响程度略低，因此要做好提前的风险防范工作。种业企业可通过组建并购整合项目团队，团队成员应尽量涉及企业运营各部门，如人力资源部、市场部、营销部、财务及法务部等，尽可能深入了解并购目标企业的经营和财务数据，全面掌握并购目标企业的各项信息；并考虑聘用专业的、经验丰富的中介机构，通过对并购目标企业的经营情况、财务情况、资产情况及法律关系等的综合评估报告，开展详尽的尽职调查工作，减少信息不对称，为并购目标企业的选择和估值做好基础工作。

2. 全面识别并购整合过程涉及的风险因素

目标企业选择风险 $R6$ 在 ISM 模型处于第五级，在模糊综合评价中，其单因素评价权重分别为 $[0.159\,9, 0.164\,6]$，风险影响程度排名 14，风险影响程度是略低的，但由于影响种业企业并购整合的风险有很多，因此种业企业在全面识别并购整合风险时，在做好全面的尽职调查的基础上，也要根据种业企业的特点、并购整合目的和种业行业的特殊性等多方面来考虑，为后续并购目标企业选择及风险控制提供决策建议。

3. 科学评估目标企业的综合能力及并购涉及风险因素

种业企业并购期的目标企业评估风险 $R7$ 在 ISM 模型处于第四级，在模糊综合评价中，其单因素评价权重分别为 $[0.129, 0.141]$，风险影响程度排名 18，风险影响程度是相对低的。因为其受信息不对称和目标企业选择风险的影响，在做好全面的尽职调查及全面识别并购目标企业所遇风险时，并购目标企业评估风险发生的概率也就相对较低，其在风险管控方面应着重做好两方面工作。一是对并购目标企业做好尽职调查，全面评估并购目标企业的经营、财务及资产等情况，全面科学评估并购目标企业的综合能力，为并购估值提供决策参考；二是在全面识别并购目标企业可能存在的各项风险因素的同时，构建合理的风险评估方法，为种业企业之间的并购提供更加理性的并购决策，为种业企业并购目标企业选择和估值提供参考。

（二）法律风险的防范

1. 聘请专业法律咨询机构对合规性进行监督

种业企业并购期法律风险下的法律问题处理不当风险 R8 在 ISM 模型处于第三级，在模糊综合评价中，其权重修正值为 0.056 9，风险影响程度排名 10，风险影响程度是略高的。中国目前还没有一部相对全面的并购交易法，针对不同的市场主体有不同的法律规定，所以关于种业企业在进行并购整合时所遇到相关法律问题发生的概率相对较高，对后续并购整合效果影响也较大。因此，关于种业企业并购整合活动一定要保证其符合法律法规的要求。除此之外，对种业相关的法律法规、国家及地方性准入政策等进行充分的调研，并可考虑引入相关法律顾问机构，对种业企业间并购整合的合同制定、交易形式及并购对价支付等方面的合规性提出专业的修改意见，从而形成对并购整合项目法律风险的定位和判断，以便在遇到法律问题时准确地解决问题。

2. 谨慎拟定并购整合协议

种业企业并购期相关法律体系不完善风险 R9 在风险因素之间的层次关系 ISM 模型中处于第四级，其既可影响种业企业并购前期并购战略规划又可影响整合期财务、技术整合风险，是处于中间层风险。在模糊综合评价中，其权重修正值为 0.032 1，风险影响程度排名 19，风险影响程度几乎是最低的。因为国内种子行业相关的法律条文出台较多，完善性较好，但由于国内种业企业进行并购整合经验尚浅，仍有法律政策不完善之处，因此，要谨慎拟定并购整合协议，务必将并购双方的权利与义务、并购交易价格及方式、并购款的支付等方面进行全面而准确的阐述，针对所涉及的担保协议、对赌条款及违约责任判定等方面的内容要合乎法规，从而重点防范种业企业在并购整合时的法律风险。

（三）财务风险的防范

1. 加强并购主体企业财务风险管控

财务风险下的支付风险 R10 在 ISM 模型中处于第三级，可影响种业企业后续整合期的财务整合效果；在模糊综合评价中，其权重修正值为 0.044 5，风险影响程度排名 15，风险影响程度是相对较低的。但因目前电子科技的快速发展，并购支付方式也发生了较大的变化，现金支付形式在慢慢退化，转而利用银行进行企业之间"公对公"的转账，而股票收购、债券收购在收购方式更加普遍。因此在种业企业并购期，为了降低并购支付风险的发生，种业企业要有清楚的自我认知能力，明确资金流动性、股价的不确定性以及股权结构变动等情况，对并购支付方式进行结构化设计，以满足种业企业并购双方的需要，降低种业企业的并购成本和风险，减少并购支付风险。

一是防范企业筹资及投资风险。对于借入型筹资及自有型筹资，北京种业企业需要进行合理的资金安排，选择利润水平较高的项目实现收益，提升企业盈利水平和偿债能力，避免因无力偿还债务陷入财务危机。企业必须研发出质量高、市场需求大的种子品种，并对其设定合理的售价，保证其顺利销售，完成产品向应收账款的转变。与此同时，企业需要注意客户的经济信用状况，加强应收账款的回收工作，促进货币资金的回笼。

二是注意收益留存和发放红利。这两个方面是既相互联系、又相互矛盾的。在北京种业企业的并购项目中，并购主体为了满足生产规模和创新速度，必须有强大的资金保障，这时并购主体企业必然处于资金缺乏阶段。如果企业以红利的形式将收益发放给广大投资者，将使企业的资金链产生较大风险。但是，如果投资者们长期没有得到投资回报，会影响投资者的积极性，导致最终结果与未来发展预期不符。

三是防范汇率风险。近年来国际经济形势低迷，国际大宗农产品价格普降，也会影响有进出口贸易活动的北京种业企业。采购协议一般提前一年按照当时汇率签订，2021 年受进出口贸易、国际关系等因素影响，英镑与美元平均汇率同比提升 7.20%，日元与美元的平均汇率下降了 2.88%，签订出售产品协议时要考虑防范汇率风险，减少企业因财务风险可能造成的损失。

2. 全面审查并购标的企业资产债务情况

种业企业并购期的财务风险集中体现在并购支付风险与融资风险两个重要环节，而种业企业的融资能力也是其并购整合能否成功的关键。其财务风险下的融资风险 $R11$ 在 ISM 模型中也处于第三级，可影响后续整合期的财务整合效果。在模糊综合评价中，其权重修正值为 0.042 1，风险影响程度排名 16，风险影响程度也是相对略低的。由于种业企业具有产业链长，无形资产占据总资产份额较大，种业企业做好融资风险的防范措施主要应集中于三方面：一是要关注自身与并购目标企业是否拥有互补优势，在全面审查并购目标企业的基础上，也需全面衡量自身企业综合能力，特别是并购资金的融资能力；二是当并购估值涉及金额巨大的对价时，在融资方面应拓展不同的融资渠道，避免因为融资渠道单一而导致资金链断裂产生的财务风险，遵循资金成本最小化和风险最低化的原则，选择合理的融资方式；三是种业企业可委托第三方中介机构担保并购标的企业资金债务情况的真实性，将财务风险进行转移，再结合并购的对价支付方式以及并购目标企业的债务情况，选择恰当的融资方式。

通过财务角度对并购目标企业进行全面的审查和分析，确保其提供的财务报表、财务核算资料的真实性的基础上，进行并购主体企业财务风险管控，包括根据种业企业自身的整体发展战略规划和并购财务目标，制定并购支付方式、并购金额及并购预期财务目标等方面内容在内的并购财务计划，从而最终准确选择并购支付方式。种业企业在并购期实施过程中随时可能出现未预料的影响因素，种业企业风险管理者应随时关注在并购整合阶段风险因素的变动，帮助种业企业及时调整并购整合战略，以适应不断变化的内外部环境，从而优化并购整合风险控制流程及资源配置。

三、整合期的风险控制应对措施

并购方在并购后采取的整合、控制和操作方法与并购的成功有着直接的关系。北京种业企业整合期的人力整合风险及财务整合风险（A4）、技术整合风险及文化整合风险（A5）在 ISM 模型中显示的层次结构主要处于底层，是种业企业并购中整合过程中深层次的影响因素；在模糊综合评价中其单因素评价权重分别为 [0.109 2, 0.116 8]、[0.280 8, 0.322 3]。在并购整合过程中此阶段的风险发生率最高，是整个并购整合项目风险管控的关键部分，其风险控制应对措施着重关注风险防范和风险控制两种策略。整合期涉及的各项风险具体的应对措施如下：

（一）应对人力整合风险

种业企业整合期的人力整合风险下的核心人员离职风险 $R12$ 和管理制度差异对人力造成的冲击风险 $R13$ 在 ISM 模型中同处于第三级；在模糊综合评价中，其权重修正值分别为 0.067 8 和 0.065 9，风险影响程度排名分别为第 3 名和第 4 名，其风险影响程度相对较高。人力资源是种业企业的核心战略资源，核心人员流失风险更是并购风险的重要组成部分，因此，种业企业应着重关注种业企业整合期的人力整合风险的应对。

一是可以通过创建良好的员工沟通机制，规避企业关键人员离职的风险及企业人才培养的风险。种业企业内部核心技术员工是种业企业最珍贵的人力资源，也是种业企业今后综合实力及核心竞争力的提升与发展的关键因子，加之种业行业特性，所以种业企业在整合期，应注重人力制度的政策调整，加强并购企业双方员工的交流与沟通。二是设定人力资源整合期，在种业企业整合期内，按照原有的人力制度执行，安抚员工不安心理，在整合期结束后，发布新的人力资源管理制度对员工进行严格管理，防止出现懒散的工作态度。三是对关键人员进行调整，引入并购主体企业高效的管理理念与机制，提高员工素质及管理效率，化解由于企业行政化带来的各种弊端。

（二）应对财务整合风险

种业企业整合期的财务整合风险下的财务协同效应风险 $R14$ 和收益分配风险 $R15$ 在 ISM 模型中分别处于第二级和第四级，是北京种业企业并购整合是否成功的直接影响因素；在模糊综合评价中，其权重修正值分别为 0.061 2 和 0.058 1，风险影响程度排名分别为第 6 名和第 9 名，风险影响程度都是相对略高的，因此，在财务整合风险的应对措施上主要包括建立种业企业财务整合风险的防范体系及组建高素质人才队伍，提高财务人员对风险控制重要性的认识等。

1. 建立种业企业财务整合风险监控与防范体系

针对种业企业整合期的财务协同效应风险，从 ISM 模型及模糊综合评价分析中，我们可得出"财务是否形成协同效应"是种业企业并购整合的重要关注点。种业企业在并购整合过程中，财务整合并未实现预期协同效应的主要原因是没有形成一套完整的财务整合风险防控体系。因此，北京种业企业在并购后的整合阶段，应建立相应的财务内部控制机制，对财务整合风险的类型做好全面的分析，从而制定风险管控举措，保证最大的适用性和科学性，并形成与之相对应的风险防范措施，以便将财务风险发生率降到最低。

2. 组建高素质财务整合人才队伍

针对收益分配风险的应对措施可主要从两方面出发：一是组建高素质财

务整合人才队伍，针对种业企业特点及并购整合风险控制相关理论进行相关业务培训，掌握财务管理新技术，提高财务人员对财务整合风险因素的识别、评价及应对能力。二是提高财务整合风险管理者的思想认识，转变观念，努力提升自身的专业素质，高度重视企业内部财务整合风险防控机制建设。

（三）应对技术整合风险

种业企业整合期的技术整合风险下的技术转移风险 $R15$、技术不适风险 $R16$ 和技术应用风险 $R17$ 在 ISM 模型中分别处于第六级和第七级，是影响北京种业企业并购整合是否成功的根本影响因素；在模糊综合评价中，其权重修正值分别为 0.063 3、0.076 4 和 0.089 1，风险影响程度排名分别为第 5 名、第 2 名和第 1 名，风险影响程度是高的。

1. 建立技术交流平台，提升技术转移能力

鉴于种业企业并购双方所处背景、技术水平及应用环境等方面的不同，技术转移过程极其复杂，需要考虑技术的不适性与不确定性，在短时间内实现技术转移是一个非常大的挑战。因此，为了保证种业企业核心技术的顺利转移，并购目标企业核心技术人员的整合则成为技术整合成功的关键风险因素。种业企业可通过构建技术交流平台，鼓励并购目标企业核心技术及管理人员分享、交流技术知识，只有提高技术人员的分享交流意愿，才能提升技术转移内化的成功率，从而在整合期顺利完成技术转移，为保证种子质量提供保障。

2. 及时做好技术不适应风险的前期调研分析

针对种业企业整合期的技术不适应风险，种业企业应该从自身发展的角度出发，在并购期对并购目标企业进行详细的技术调研，针对其后续技术应用所需的实施条件及技术不适应可能产生的影响进行全面的研究，在风险识别阶段准确识别出目前可能存在的技术不适应问题，从而针对种业企业发展战略规划，制定详细的技术整合方案，在整合的不同阶段进行进度分析，及时调整技术整合策略，防范技术不适应风险的发生，促使技术整合的成功完成。

3. 提交技术应用报告

种业企业赖以生存和发展的关键是"育种创新"，只有不断提升种业企业的育种技术创新能力，才能牢牢把握种业技术发展的前沿，才能在农业供给侧结构性改革中，满足对种业新品种的需求，因此技术应用风险也是在技术整合过程中的关键风险因素。可将并购目标企业的产品技术、应用信息等内容添加到并购整合协议中，形成技术应用报告（包括所用的技术方法描述、技术控制方法和产品质量标准等）作为并购整合协议附件，帮助并购种业企业更好地实现整合期的技术应用整合。

（四）应对文化整合风险

种业企业并购整合期的文化整合风险下的文化融合程度 $R19$ 和多元文化包容度 $R20$ 在 ISM 模型中分别处于第五级和第七级，是北京种业企业并购整合是否成功的根本性因素；在模糊综合评价中，其权重修正值分别为 0.060 1 和 0.058 3，风险影响程度排名分别为第 7 名和第 8 名，风险影响程度是相对略高的，因此，北京种业企业应逐步整合企业文化。企业文化是指企业在发展过程中，企业员工在日常工作中受一定的社会背景、企业环境影响而形成的理想信念、价值观念及行为准则，是以价值观为核心的一种意识形态。由于不同文化的影响，整合方法应随着并购的策略倾向、协同作用的获得、资产的类型和个人因素的不同而不同。

在整合期，为了保证并购目标企业员工行为与并购主体企业并购整合战略方向一致，并购方企业除了建立并购整合责任目标与管理体系外，还必须建立以信息化为基础的价值认同系统，创造和提出一系列为大家所能接受的企业价值观，能鼓舞人们实现并购整合战略目标的信念、榜样和标杆，引导和约束员工行为，尤其是各层级管理人员行为，在一系列如战略整合、组织整合、业务整合、财务整合、文化整合等关键问题上进行决策时，能更好地处理创新与稳定、组织利益与个人利益之间的矛盾。

对员工进行企业远景、企业价值观等方面的培训，也是使员工与企业各层管理人员认同并购整合战略的重要手段。并购目标企业既要有一定程度的文化包容度，尽量避免员工因工作文化的变化而出现抵抗情绪，导致工作效率低下，又坚持求同存异的态度，重点打破并购双方企业文化之间的壁垒，创造双方文化交流的平台，提高整合期企业的文化融合程度，最终达成企业文化整合的目标。

主要参考文献

[1] 冯宗品. 农业企业并购的财务风险研究 [J]. 广东蚕业, 2016, 50 (8): 48 - 50.

[2] 胡桂芬. 浅析企业并购整合风险及对策——以 B 企业为例 [J]. 商讯, 2020 (31): 5 - 6.

[3] 黄美霞, 侯军岐, 马承君. 基于企业价值链的种业并购风险管理研究 [J]. 中国种业, 2016 (8): 1 - 4.

[4] 黄珊珊, 侯军岐. 种业企业并购决策风险识别研究 [J]. 中国种业, 2019 (3): 19 - 21.

[5] 黄文彦. 基于内部控制框架的国企并购风险研究 [J]. 财会学习, 2021 (22): 182 - 184.

[6] 李星慧. 企业并购财税风险防范措施思考 [J]. 商业文化, 2021 (5): 121 - 123.

[7] 梁剑云. 内部控制与并购风险管理关系的探讨 [J]. 财务与会计 (理财版), 2013 (3): 56 - 58.

[8] 逯涛. 企业并购中的财务风险与应对措施 [J]. 中国集体经济, 2022 (19): 139 - 141.

[9] 马文梅. 论企业风险管理的历史沿革及发展趋势 [J]. 农村经济与科技, 2021, 32 (24): 157 - 159.

[10] 倪明明, 乔宏亮. 企业并购风险识别与优化对策分析 [J]. 中外企业文化, 2022 (1): 37 - 39.

[11] 孙亚杰, 闫明, 方瑜仁. 企业汇率风险管理对策 [J]. 中国金融, 2021 (21): 28 - 29.

[12] 王圣平. 公司并购法律风险防范 [J]. 法制与社会, 2020 (22): 54 - 55.

[13] 王思阳, 侯军岐. 种业企业并购整合决策支持系统构建研究 [J]. 中国种业, 2020 (3): 9 - 11.

[14] 杨艳丹, 侯军岐. 种业企业并购整合风险种类及控制研究 [J]. 中国种业, 2020 (3): 5 - 7.

[15] 袁军棋, 张永青. 农业技术风险控制系统浅析 [J]. 河南农业, 2011 (1): 61 - 62.

[16] Howard Miller, Charla Griffy - Brown. Evaluating risk for top - line growth and bottom - line protection: enterprise risk management optimization (ERMO) [J]. Environment Systems and Decisions, 2021, 41 (7): 468 - 484.

[17] Nocco Brian W., Stulz René M.. Enterprise Risk Management: Theory and Practice [J]. Journal of Applied Corporate Finance, 2022, 34 (1).

[18] Wang Fenglian, Zhang Zongming, Zhao Hua. Independent Research and Development or

Technology Mergers and Acquisitions? Decision Mechanisms of Research and Development Strategies in a Two - Stage Game [J]. Discrete Dynamics in Nature and Society, 2021 (7).

[19] Yang Hao, Zhang Qiusheng, Zhao Xiaofang, Wang Zhongchao. Does political corruption affect mergers and acquisitions decisions? Evidence from China [J]. International Review of Economics and Finance, 2022 (78).

第八章 我国转基因作物产业化风险管理研究

1983 年，转基因烟草培育成功，标志着人类开始用转基因技术改良农作物；1996 年，可食用转基因作物在美国开始进行大规模的商业化种植。以"转入基因"改善农作物性状和功能为特点的转基因作物研究迄今已发展了三代。第一代转基因作物通过输入基因改良农艺性状，最重要的农艺学改善是耐除草剂、抗虫和抗病毒等性状，这类性状又称为"输入性状"，直接受益的是种植者。第二代转基因作物性状是上述单一性状的复合，即复合性状。第三代转基因作物的特点是改良质量和成分，满足消费者的偏好和营养，从而使消费者直接受益，因此这类性状又称为"输出性状"，这些性状包括提高人类和动物健康的各种大豆产品，富含 β-胡萝卜素的黄金大米等。

转基因技术是一项新技术，是现代生物技术的前沿。它是一种以分子生物学技术为核心，对基因进行修饰、改造，从而定向改变生物体遗传性状的技术。转基因生物也叫"基因修饰生物体"（Genetically modified or-ganism，GMO），是指利用分子生物学技术，将人工分离和修饰过的基因按照人们需要导入到受体物种中，并能够表达稳定预期性状的生物体。由转基因生物体生产的作物被称为转基因作物。借助转基因技术培育农作物新品种，在保护生态系统、缓解资源压力、改善产品品质、保障粮食安全等方面具有重要作用。自 1996 年首例转基因作物商业化应用以来，全球有 28 个国家批准了共计 29 种转基因作物的商业化种植或环境释放。1996 年，全球转基因作物种植面积为 166.5 万公顷，2017 年面积达到 1.898 亿公顷，年均增长率为 26.56%。截至 2015 年，全球种植转基因作物获得的累计经济效益为 1 678 亿美元。

近年来，我国耕地面积不断缩小、土壤肥力不断下降、农村劳动力急剧减少、土地抛荒日趋严重，粮食问题日趋紧张。国家统计局数据显示，2017

年我国粮食进口量超过 1.3 亿吨，相当于人均缺粮约 100 千克。2017 年，我国仅大豆进口量就高达 9 554 万吨，大部分为转基因大豆。对国外转基因产品的高度依赖，严重影响着我国的粮食安全。为了解决粮食安全问题，转基因技术在农业中的应用日益得到国内有关部门的重视。中央 1 号文件已连续 7 次提及转基因问题，2016 年农业部也明确提出了我国推进转基因作物产业化路线图。2016 年 7 月，国务院印发"十三五"国家科技创新规划，将转基因生物新品种培育列为国家科技重大专项之一。自 2008 年我国启动转基因生物新品种培育科技重大专项起，"十二五"期间，我国共获得 137 个具有重大育种价值的关键基因，转基因新品种专利总数位居世界第二。

2017 年是转基因作物大规模化种植的第 22 年，转基因作物由此进入商业化的第 3 个十年。尽管转基因作物在过去一段时间发展趋势向好，但社会对于转基因作物产业化风险的争议也从未间断。国内学者对转基因的研究主要集中在环境风险管理、政策风险管理、安全风险管理、风险分析、风险交流、风险防范、风险治理等几个方面。在已有文献研究的基础上，本文主要从转基因作物产业化所依附的宏微观环境角度研究中国转基因作物产业化风险管理。转基因作物产业化风险可能存在于不同的行为主体中，所以转基因作物产业化风险管理的目的是确保转基因作物在不同行为主体的宏微观环境中的安全性。

第一节 转基因作物产业化现状与趋势

一、转基因作物优势与问题

通过转基因技术可培育具有高产、优质、抗病毒、抗虫、抗寒、抗旱、抗涝、抗盐碱、抗除草剂等特性的作物新品种，以减少对农药化肥和水的依赖，降低农业成本，大幅度地提高单位面积产量，改善食品的质量，缓解世界粮食短缺的矛盾。从目前已有的研究成果和预期分析来看，转基因作物所表现出来的优势主要有：

（一）抗生物逆境

化学杀虫剂主要用于防治农业害虫和城市卫生害虫，使用历史长远、用量大、品种多。杀虫剂的使用大大增加了粮食产量，但几乎所有的杀虫剂都会影响生态系统，大部分对人体危害极大。作为化学杀虫剂的替代品，转基因作物如玉米和棉花可以生产由苏云金芽孢杆菌（Bacillus thuringiensis，Bt）基因编码的杀虫蛋白。通过种植转 Bt 基因作物可以减少化学农药的使用，保护生态环境。科学家还鉴定出多种不同生物来源的抗生物素蛋白，可对蚜虫、夜蛾、甲虫等害虫产生抗虫活性。许多基因沉默策略已用于提高作物抵御各种病原体如病毒、细菌、真菌、线虫和昆虫等侵袭的防御机制。该机制主要表现为序列特异性的 RNA 降解过程，常作用于同源性较高的转录产物，与生物的病毒抗性密切相关。2011 年，巴西批准抗菜豆金黄花叶病毒的转基因菜豆进行商业化种植。2015 年，Singh 等将番茄叶卷曲新德里病毒基因转入到番茄植株以增强其抗性。

（二）抗非生物逆境

一些非生物胁迫因素如盐、干旱、高温常对作物的生长和生产产生不利影响。目前，科学家已经广泛应用基因工程技术将基因库中的有利基因导入植物来开发抗性品种。研究表明，表达胁迫诱导基因的转基因作物对干旱、寒冷和盐分胁迫具有较强的耐受性。在干旱胁迫下，表达转录因子 Os-WRKY11 的转基因水稻幼苗与野生水稻相比生育期显著延长，失水量明显减少。转录因子 DREB1 和 DREB2 在不依赖 ABA 的抗旱信号传导途径中，通过触发应激反应基因的表达，可以显著提高植物耐旱性。

（三）改良营养品质

目前，科学家已通过增加新的营养成分、增加现有营养成分的含量，减少或去除抗营养物质或毒素等途径将基因工程技术充分应用于作物营养品质的改良。水稻是一种重要的粮食作物，但缺乏维生素 A 的前体物质——β-胡萝卜素。研究人员由此研发出一种能够在胚乳中表达 β-胡萝卜素的极具营养价值的"黄金水稻"。研究表明，AmA1 转基因马铃薯块茎的长势显著增强，块茎的产量和总蛋白含量明显增加，尤其表现为氨基酸含量也明显增加。植物可以合成次生代谢物，有些代谢产物被动物或人类食用后被证实可能有害。这些通过植物体合成的防御性代谢产物被称为抗营养因子或天然毒素。基因工程技术可以成功地敲除与抗营养因子相关的基因，或者抑制植物代谢途径中抗营养因子生产、积累或激活涉及的相关基因的表达。

(四) 提高作物产量

许多科学家对转基因农作物寄予厚望,认为它将带动一场以"分子耕作"为基础的新型农业革命,为解决全世界的温饱问题和粮食安全问题带来曙光。1999 年 4 月,英国政府首席科学顾问罗伯特·梅爵士对下议院环境调查选择委员会分析称,转基因作物将是未来 50 年内满足粮食需求的关键。世界卫生组织 (WHO) 2005 年发布的《现代食品生物技术、人类健康和发展》报告认为,转基因技术能够提高农作物的产量、食品质量以及在一个特定地区生长的食物的多样性。英国科学家 Nigel Halford 称转基因作物能最大限度地减轻贫穷、饥饿和营养问题。研究表明,AmA1 转基因马铃薯表现出较强的光合作用、总生物量的显著增加以及块茎产量的明显增加。

转基因作物虽然优势较多,但也存在一些问题 (图 8-1),主要包括:

1. 产生有毒物质

科学家研究发现,有些转基因生物产品可能含有有毒物质和过敏原,会对人体健康造成不利影响,严重的有可能致癌或导致某些遗传类疾病。从目前转基因食品的生产过程来看,转基因技术的应用,改变了农作物原有的植物特性,使农作物在获得一种特性的同时,失去了另一种特性,并且产生对人体有害的毒性。

2. 破坏作物原有营养成分

有研究者认为由于人们目前对转基因技术的认知尚不全面,外来基因会以某种方式破坏作物中的营养成分。在转基因作物的培育和试验中,为了满足试验要求,人为加入了其他基因,而其他基因可能会对农作物原有的基因造成严重的影响和冲击,并破坏了作物自身所含的营养成分,从而无法起到转基因作物的积极效果。

3. 存在基因污染风险

大量的转基因生物进入自然界后很可能会与野生物种杂交,造成基因污染,从而影响到生物多样性的保护和持续利用。自然界植物具有一定的纯粹性,其变异过程较为缓慢,一定程度的杂交不能改变植物的根本特性,但转基因生物与其他物种杂交,所带来的改变和影响就会放大,甚至不利于生物的发展。

4. 攻击非目标生物

一些农作物在插入抗虫或抗真菌的基因后可能对其他非目标生物产生作用，从而杀死了环境中其他的昆虫和真菌。虽然转基因植物/作物中的抗虫或者抗真菌的基因是为了杀死目标虫害或病菌的，但是由于自然界生物链的关联性，一种植物携带的外来基因不但会杀死目标生物，有时还会殃及其他有益的生物。

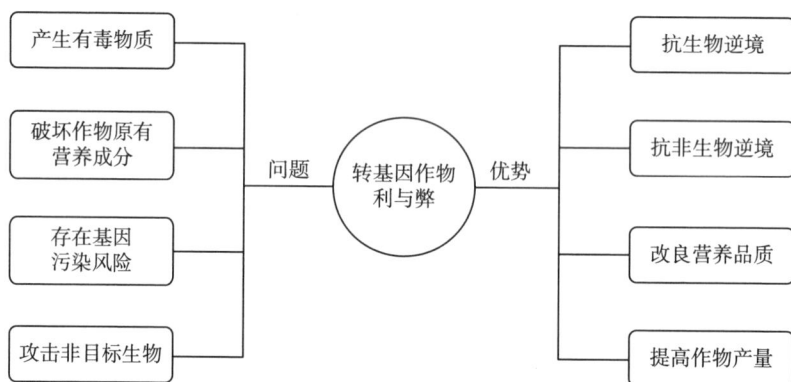

图 8-1 转基因作物优势与问题

二、全球转基因作物产业化发展现状与趋势

（一）全球转基因作物种植情况

1. 全球转基因作物种植面积及增长情况

根据国际农业生物技术应用服务组织（ISAAA）发布的《全球生物技术/转基因作物商业化发展态势》年度报告数据显示，1996—2016 年全球先后有 34 个国家种植过转基因作物，但转基因作物种植面积主要集中于少数几个国家。2017 年，24 个国家种植了 1.898 亿公顷转基因作物，比 2016 年的 1.851 亿公顷增加了 470 万公顷，除 2015 年以外，这是第 21 个增长年份。

据报告数据统计，全球转基因作物的种植面积从 1996 年的 170 万公顷增加到 2017 年的 1.898 亿公顷，增加了 112 倍，这使生物技术成为近年来应用最为迅速的作物技术。22 年间，转基因作物的商业化种植面积累计达到了 23 亿公顷。2017 年全球各国转基因作物的种植面积见表 8－1。

表 8－1　2017 年全球各国转基因作物的种植面积

单位：百万公顷

排名	国家	种植面积（百万公顷）	转基因作物
1	美国*	75.0	玉米、大豆、棉花、油菜、甜菜、苜蓿、木瓜、南瓜、马铃薯、苹果
2	巴西*	50.2	大豆、玉米、棉花
3	阿根廷*	23.6	大豆、玉米、棉花
4	加拿大*	13.1	油菜、玉米、大豆、甜菜、苜蓿、马铃薯
5	印度*	11.4	棉花
6	巴拉圭*	3.0	大豆、玉米、棉花
7	巴基斯坦*	3.0	棉花
8	中国*	2.8	棉花、木瓜
9	南非*	2.7	玉米、大豆、棉花
10	玻利维亚*	1.3	大豆
11	乌拉圭*	1.1	大豆、玉米
12	澳大利亚*	0.9	油菜、棉花
13	菲律宾*	0.6	玉米
14	缅甸*	0.3	棉花
15	苏丹*	0.2	棉花
16	西班牙*	0.1	玉米
17	墨西哥*	0.1	棉花
18	哥伦比亚*	0.1	玉米、棉花
19	越南	<0.1	玉米
20	洪都拉斯	<0.1	玉米
21	智利	<0.1	玉米、油菜、大豆
22	葡萄牙	<0.1	玉米
23	孟加拉国	<0.1	茄子
24	哥斯达黎加	<0.1	棉花、菠萝
	总计	189.8	

注：*18 个种植面积在 5 万公顷以上的转基因作物种植大国。

2. 全球主要转基因作物种植面积及应用情况

2017 年全球已有批准商业化种植的转基因作物 27 种，其中最主要的四种转基因作物是大豆、玉米、棉花和油菜。随着技术的进步和发展，转基因作物还扩展到了四大作物以外，即苜蓿、甜菜、木瓜、南瓜、茄子、马铃薯和苹果。四大主要转基因作物大豆、玉米、棉花和油菜的种植面积下滑，但仍然是 24 个国家中种植最多的转基因作物。转基因大豆的种植面积最大，为 9 410 万公顷，占全球转基因作物总种植面积的 50%，比 2016 年增加了 3%。其次是玉米（5 970 万公顷）、棉花（2 421 万公顷）和油菜（1 020 万公顷）。从全球单个作物的种植面积来看，2017 年转基因大豆的应用率为 77%，转基因棉花的应用率为 80%，转基因玉米的应用率为 32%，转基因油菜的应用率为 30%。2017 年全球主要转基因作物种植面积和应用率如表 8-2 所示。

表 8-2　2017 年全球主要转基因作物种植面积和应用率

转基因作物名称	种植面积（万公顷）	应用率（%）
大豆	9 410	77
玉米	5 970	32
棉花	2 421	80
油菜	1 020	30

3. 全球转基因作物主要种植国家种植面积情况

五大转基因作物种植国美国、巴西、阿根廷、加拿大和印度在全球转基因作物种植面积排名中位于前列。美国是全球转基因作物种植的领先者。2017 年美国转基因作物的种植面积达到 7 500 万公顷，其次为巴西（5 020 万公顷）、阿根廷（2 360 万公顷）、加拿大（1 310 万公顷）和印度（1 140 万公顷），总种植面积为 1 733 亿公顷，占全球种植面积（1.898 亿公顷）的 91.31%，使这 5 个国家的 19.5 亿人口受益。2017 年全球转基因作物主要种植国家种植面积情况见图 8-2。

（二）主要国家转基因作物产业发展情况

1. 美国

2017 年，美国仍旧保持全球最大的转基因作物种植面积，达 7 504 万公顷，

万公顷

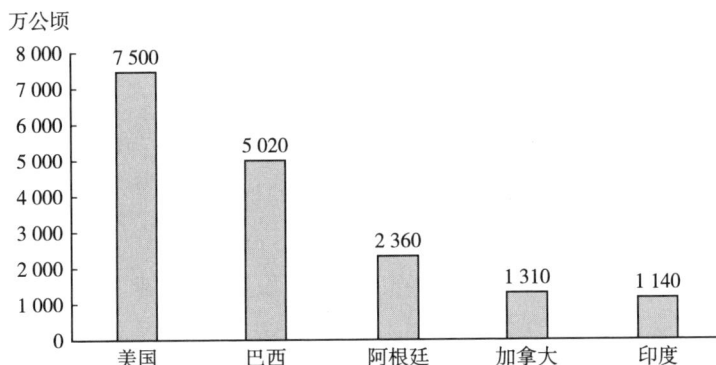

图 8-2 2017 年全球转基因作物主要种植国家种植面积

其中包括 3 405 万公顷大豆、3 384 万公顷玉米、458 万公顷棉花、122 万公顷苜蓿、87.6 万公顷油菜、45.8 万公顷甜菜、3 000 公顷马铃薯，以及转基因苹果、南瓜和木瓜各 1 000 公顷。3 种主要作物玉米、大豆和棉花的平均应用率达 94.5%，已经接近饱和，未来这些作物的应用率可提升空间较小。因此，转基因作物种植面积的增加将依赖其他转基因作物，如油菜、苜蓿、甜菜、马铃薯和苹果等。美国是转基因作物发现、开发和商业化领域的引领者，其三大政府监管机构能够高效地完成农业生物技术新产品的审核批准。

2. 巴西

2017 年巴西是全球第二大转基因作物种植国，种植面积为 5 020 万公顷，比 2016 年增加了 2%。该国种植了 3 370 万公顷转基因大豆、1 560 万公顷玉米（冬玉米和夏玉米）、15 万公顷棉花。受收益率、价格提高、国内外市场需求增加的影响，2017 年大豆和棉花的种植面积比 2016 年显著增加。由于当前的低价和大豆种植面积的扩大，该国玉米种植面积稍有减少。未来这三种转基因作物的种植面积会随着国内和全球粮食、饲料和生物燃料（生物柴油需要大豆、乙醇需要玉米）领域对蛋白质和未加工的棉花原料不断增加的需求而扩大。

3. 阿根廷

阿根廷是全球最大的转基因大豆、棉花和玉米出口国之一，2017 年共种植了 2 360 万公顷转基因作物，与 2016 年的 2 382 万公顷相比有所减少。

三种转基因作物的平均应用率接近 100%。2017 年,阿根廷在大豆、玉米和棉花种植季里遭遇了气候问题,影响了该国转基因作物的总种植面积。随着政府改革农业的计划、出口税减少以及当地和国际对粮食和饲料蛋白质需求的不断增长,大豆和玉米的种植面积将有所增加。棉花种植面积连续两年减少,但全球对棉花的需求不断增加将使该国的棉花生产得以恢复。

4. 加拿大

2017 年,加拿大转基因作物的总种植面积从 2016 年的 1 238 万公顷增长到 1 449 万公顷,增长率达 17%。该国的转基因作物包括 250 万公顷大豆、178 万公顷玉米、883 万公顷油菜、15 000 公顷甜菜、3 000 公顷苜蓿和40 公顷马铃薯,总种植面积达 1 312 万公顷。四大转基因作物大豆、玉米、油菜、甜菜的平均应用率为 95%。由于木质素更少的苜蓿、耐除草剂大豆和耐除草剂甜菜的种植,该国转基因作物的种植面积大幅增加。随着全球对粮食、饲料以及乙醇和生物燃料的需求不断增长,加之该国强大的研发实力、公众对生物技术的较好的接受度、政府对转基因作物的大力支持,加拿大转基因作物的应用率将进一步提高。

5. 印度

印度在棉花生产方面取得了巨大进展,2017 年占全球棉花生产市场份额的四分之一。转基因棉花的种植面积从 2016 年的 1 080 万公顷增加到2017 年的 1 140 万公顷,增加了 6%,相当于棉花总种植面积 1 224 万公顷的 93%。棉花杂交方面的抗虫(Bt)技术带来了诸多益处,降低了棉铃虫造成的损失,将棉花产量提高到每公顷 500 千克(棉绒)。要保持现有抗虫棉花杂交品种的产量水平,就需要实施严格的人员管理和抗性管理策略。

(三)全球转基因作物产业化发展趋势

1. 复合性状转基因作物将成为趋势

一方面,随着转基因作物的不断发展,为了降低成本和提高利润,农民逐渐倾向于种植复合性状的转基因作物。2016 年复合性状的作物种植面积比 2015 年增加 1 690 万公顷,增长约 33%。复合性状作物的大幅增长主要是因为 Intacta TM 大豆、IR/HT 玉米和 IR/HT 棉花种植面积的增加。另一方面,为了满足消费者对营养健康的个性需求,主要国家逐渐加强对改善品质的转基因作物的研发和批准。

2. 转基因作物在发展中国家增速加快

1996—2018 年间，发达国家种植转基因作物的面积年均增速为 22%，发展中国家年均增速为 41%。2011 年以前，发达国家种植转基因作物面积始终大于发展中国家，2011 年种植面积相当，自 2012 年以后发展中国家种植面积开始超过发达国家，如图 8-3 所示。

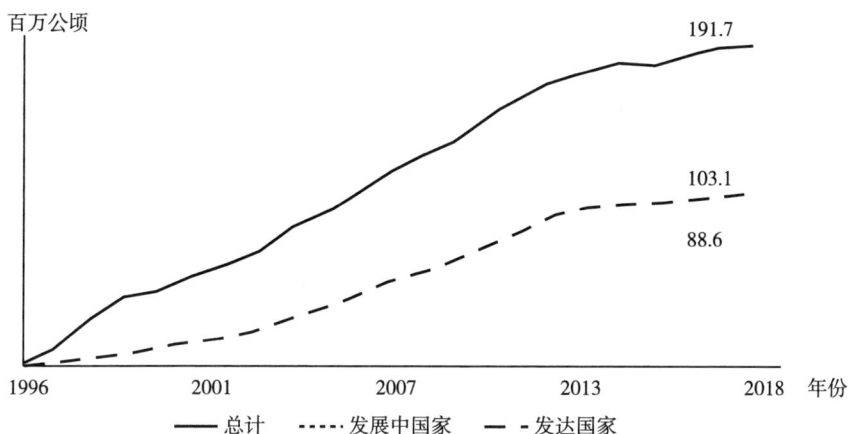

图 8-3　1996—2018 年全球转基因作物种植面积

2018 年种植转基因作物面积超过 5 万公顷的前 10 名的国家中，有 8 个是发展中国家。可见，转基因作物种植面积在发展中国家不断扩大且已经连续 6 年超过发达国家，但是转基因作物种子市场仍然被发达国家垄断，发展中国家所占的市场份额不足 30%。

3. 种植转基因作物的国家数量呈波动式变化

1996 年转基因作物开始大规模种植时，种植国家仅有 6 个，分别是中国、美国、加拿大、澳大利亚、墨西哥和阿根廷（ISAAA）。随后至 2010 年，种植转基因作物的国家总数不断增加，2010 年种植国家数目增加到 29 个。这一年，巴基斯坦、缅甸和瑞典 3 个国家首次批准种植转基因作物，而德国则重新恢复种植转基因作物。2012 年种植国家 28 个，苏丹和古巴新加入种植转基因作物，而德国和瑞典因转基因马铃薯在市场停止销售，开始不再种植转基因作物，波兰因转基因作物种植的相关法律与欧盟的不一致，不再种植转基因玉米。2016 年种植国家变为 26 个，罗马尼亚因繁杂的政府审批条件而停止种植转基因作物，布基纳法索为解决纤维长度问题而暂停了对抗虫棉花的种植。以上表明受转基因作物市场需求、政府审批与监管等因素的影响，转基因作物种植国可能出现种植、退出和再种植的现象，从而导致了种植国家数量的波动。

三、中国转基因作物产业化发展现状与趋势

（一）转基因作物种植面积

我国是全球最早批准转基因作物商业化种植的国家之一，20 世纪 90 年代早期就开始种植转基因抗病毒烟草。1998 年转基因抗虫棉开始商业化种植，种植面积在世界排名第 4 位，2003 年被古巴超越退居第 5 位。2006—2015 年，被印度超越，始终排名第 6 位。2016 年被乌拉圭和巴基斯坦超越，排名第 8 位。2003—2016 年，我国与世界前五主要国家转基因作物种植面积的变化如图 8-4 所示。由图中可以看出，我国转基因作物种植面积由前期的缓慢增长逐渐过渡到相对稳定的发展态势。

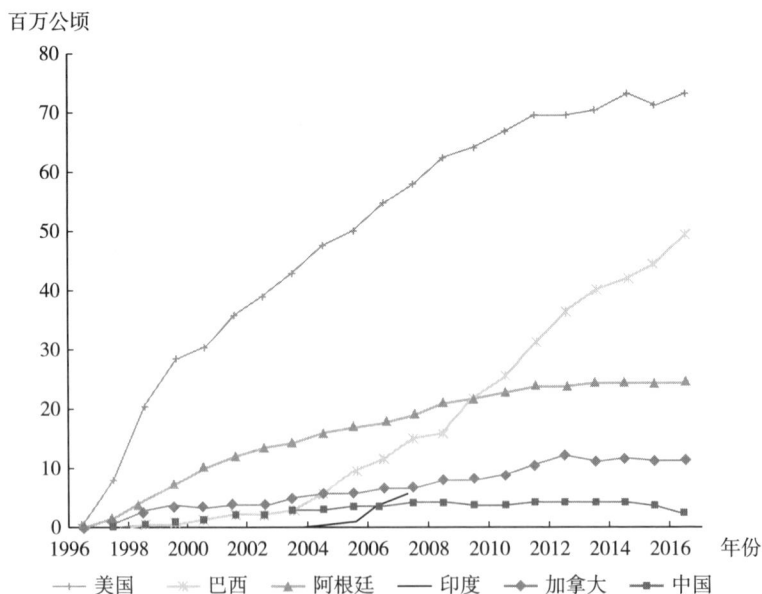

图 8-4　1996—2016 年我国与其他主要国家转基因作物种植面积

数据来源：http://www.isaaa.org/resources/publications/briefs/.

（二）转基因作物品种、应用率与性状

我国已有耐储存番茄、抗虫棉花、改变花色矮牵牛、抗病辣椒、抗病番木瓜、转植酸酶玉米和抗虫水稻7种作物获得安全证书，但实现大规模商业化生产的只有抗虫棉和抗病毒木瓜。我国在1997年批准转基因抗虫棉商业化，成为继美国之后第二个拥有转基因抗虫棉自主知识产权的国家。受高库存和低价格的影响，2016年我国种植抗虫棉278万公顷，与2015年相比有所下降。转基因抗病毒木瓜于2006年批准商业化种植，2016年种植8 550公顷，比2015年的7 000公顷增加了22％。

随着转基因作物种植面积的不断增加，转基因作物的应用率也在不断上升，2016年转基因抗虫棉应用率为95％，转基因木瓜的应用率为90％。

为了满足国内对食用油和饲料的需求，我国自2006年开始大量进口大豆，进口大豆量占全球大豆进口的65％，其中90％以上为转基因大豆。我国也是转基因玉米进口大国，2015年进口330万吨转基因玉米。

第二节　转基因作物产业化风险分类与识别

一、转基因作物产业化风险分类

在识别风险前，首先将风险进行分类，以对转基因作物产业化风险有总体性的认识和把握。本文主要根据转基因作物产业化所依附的宏微观环境对风险进行分类。

技术产业化的前端是技术商业化，技术商业化是指技术的商业化应用，是从技术研发到技术产品化再到产品的商品化过程。主要包含技术研究与开发、技术转让、产品研发、产品试生产与销售等环节。在技术商业化发展过程中，不同的行为主体可能会产生不同的风险。从微观层面讲，技术商业化过程不仅涉及科研院所、高校等技术供给方，还涉及企业方面的技术需求方和科技推广机构等技术中介方。从宏观层面讲，客观环境存在的不确定性因素同样会影响到技术商业化的进程。首先从微观层面看，即从技术供需方和中介方角度，技术成果的供给方在商业化过程中主要面临着技术本身风险、知识产权风险、技术人员的稳定性及信用性风险、投入风险及市场交易延迟风险；技术需求方主要存在技术吸收能力风险、生产风险、市场风险、管理

风险与资金风险；技术中介方主要存在技术服务风险、资源缺位风险。其次从宏观层面看，外界客观环境主要存在着经济文化风险与政策法律风险。将涉及的风险合并归类后确定出转基因作物产业化风险主要有技术风险、交易风险、生产风险、市场风险、投入风险、管理风险及环境风险等七类风险。

二、转基因作物产业化风险识别

风险识别是风险管理的首要环节，也是构建风险指标体系的重要基础。风险识别即在风险事故发生前，认识事故潜在风险的风险认知过程。在对风险进行分类后，借助德尔菲法对转基因作物产业化风险进行了具体识别，识别内容如下：

（一）技术风险

技术处于技术产业化的始端，技术风险可能存在于技术产业化的过程之中。转基因技术的研发需要本学科领域和相关配套学科的研究理论和技术。我国的转基因技术研发起步较晚，面对技术研发体制、国外基因授权保护压力，我国对转基因技术的把控尚需进一步检验。技术风险具体包含技术成熟度风险、配套技术可获得性风险、技术适用性风险、技术替代性风险、技术先进性及知识产权风险。技术成熟度风险存在于技术研发阶段，影响因素是研发所依据的基本原理的科学性；转基因技术需要融合杂交常规育种技术及其他配套技术，技术研发后配套技术的支持可能会有潜在风险；技术适用性风险指转基因作物虽然表现出良好的性状，但其适用的环境条件可能较为严格，无法应用于不同的环境；技术替代性风险是一种技术可能被其他成本更低、实现功能更好的育种技术所替代的风险；技术的先进性风险依据国内外同类技术的参数指标进行确定，技术的先进性越高越有利于技术向企业的转移；知识产权风险则是指我国在转基因技术研发过程中可能遇到的基因（包括基因序列等）、技术手段等的产权问题。

（二）交易风险

交易风险分为信息风险和中介服务风险。转基因作物技术研发出来后，要通过技术转移将技术从实验室转交给种子企业。从技术供需双方来看，作为供给方的研发单位会将一些研发过程中具有价值的隐性知识保留，在技术转让过程中并不会完全披露给作为需求方的种子企业，而种子企业由于信息的不完全不愿购买该技术，这种信息的不对称会增加双方交易成本，不利于技术的转移，从而形成信息风险。我国技术中介机构由于资金、人才等方面的限制，专业水平、服务能力有较多不足，因此在转基因作物技术推广方面会面临较大困难，存在中介服务风险。

（三）生产风险

企业在得到转移的技术后，就会将技术投入生产环节。生产环节同样存在着风险，具体包括吸收能力风险、原材料供应风险、工艺设备匹配风险、协作风险。技术吸收能力指企业对引进新技术的消化、吸收和应用能力，企业技术吸收能力风险会影响转基因产品的设计、开发及产品性能的实现。同时，企业还需考虑生产设备、工艺是否满足转基因产品的生产需要，以及改装、购置设备或是调节工艺流程对企业生产成本的影响。企业原材料供应是否优质、持续也面临着风险。对于转基因作物及种子的生产，需要企业产品开发部门、生产部门、管理部门的有效协作，否则将会影响转基因产品的正常生产。

（四）市场风险

市场是转基因作物产业化的终端连接点，市场对转基因作物的接受程度，产品在市场中的推广，产品有无竞争力等因素均是企业需考虑的。市场风险包括产品竞争力风险、市场接受容量风险、市场接受时间风险、进入市场时机风险与市场营销能力风险。其中，产品竞争力风险是指转基因作物种子虽然在品种、抗性等方面优于普通作物，但转基因作物生产成本高，种子价格高，这会影响转基因作物种子的竞争力。此外，当前对于转基因技术及作物的流言不利于人们认识和接受这一全新技术，农民会因为担心转基因作物对土地质量和生态环境的不利影响而放弃种植转基因作物，影响市场的接受容量。而且，农民很可能对市场上新出现的转基因作物品种持观望态度，继而产生市场接受时间风险，影响企业回收资金。进入市场时机风险指转基因作物种子因无法适应实际种植生产环境而产生的风险。市场营销风险表现为企业因未展开充分的市场调研和未建立可行的营销网络而引发销售不畅的风险。

（五）投入风险

投入风险存在于转基因作物产业化的不同环节，包括投入数量风险、投入结构风险与投入可持续性风险。其中，投入数量风险主要包括投入资金和人才两方面，无论是实验室研发、技术转移，还是产品投入生产，都需要有充足的资金和人力资源作为保障。投入结构风险指的是投入分布结构和技术产业化的过程与投入需求不匹配而造成的风险。技术的产业化也需要投入的可持续性，如实验室阶段的技术研发环节如出现投入不持续的情况就会阻碍技术的深度研发和持续创新，从而影响到技术的实际效用水平。

（六）管理风险

管理风险指转基因作物产业化过程中由于管理问题而导致产业化失败所带来的风险，主要包括决策风险、组织风险、信用风险与人力资源风险。决策风险表现为技术研发团队领导在选择目标技术时因决策失误导致技术无法适应市场或企业决策层无法将引进技术与企业实际发展需求相结合而做出错误决策；组织风险指技术研发体系及企业组织结构不合理导致企业各部门间协作不畅而引起的风险；信用风险表现为技术研发人员出于个人利益而窃取、隐藏部分研究成果；人力资源风险指由于人员管理不当而引起团队成员对自身薪酬、企业管理体制的不满，从而造成人才流失。

（七）环境风险

环境风险是转基因技术产业化过程中客观存在的在一定程度上不可控的风险，主要包括经济风险、文化风险和法律政策风险。经济风险指的是国家经济结构、汇率水平、物价波动等引起的企业资金损失的风险；文化风险指随着社会的发展，人们对环保、健康等话题的关注程度越来越高，社会倡导的文化思想一定程度上影响着农民对转基因作物的接受意愿；法律政策风险表现为政府在转基因品种的审定、试验政策规定上还存在模糊性，政府在产业政策上的导向等也会对企业选择转基因技术的决策产生较大的影响，这些法律政策层面的风险将会影响转基因技术的实际应用。

三、转基因作物产业化风险影响因素

在对转基因作物产业化风险影响因素进行识别和分析时，常常用到因果分析法。因果分析法将风险因素和风险所导致的结果之间的关系用图形加以表示，以使人们更为直观地识别和分析各类风险因素。通过这种方法绘制出的图形称为因果分析图，由于其形状像鱼刺的结构，因此又被称为鱼刺图。

在进行因果分析时，要把握"执果索因、先主后次、层层深入"的原则。如技术风险主要囊括了技术成熟度、配套技术可获得性、技术适用性、技术替代性、技术先进性与知识产权等六个方面。其中，技术成熟度的影响因素又包括原理探索、概念提出及验证、假设条件、实验方案、实验过程等内容；配套技术可获得性表现为在实验室研发阶段所使用的杂交育种技术及与转基因技术相配套的除草剂技术、栽培技术和田间管理技术等；技术适用性的重要条件是技术是否具备普遍环境下的适应性，即技术是否适应不同的气候、土壤、温度等特征下的种植环境。……按照上述分层原理可得出其他风险因素及这些因素下的具体风险因素。如此，通过因果分析法可以得到各风险影响因素并绘制出转基因作物产业化风险因果分析图（图8-5）。

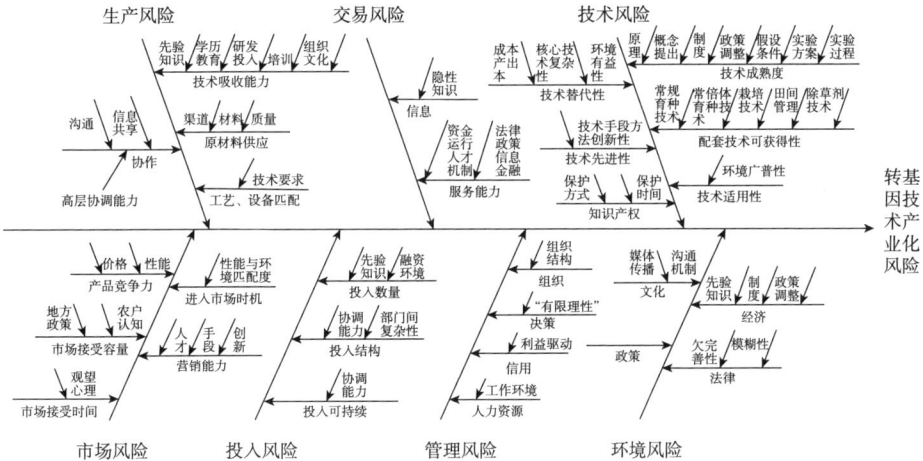

图8-5　转基因作物产业化风险因果分析图

第三节　转基因作物产业化风险评估与测度

一、风险矩阵方法简介与改进

（一）风险矩阵方法简介

风险矩阵是项目管理中识别风险重要性的一种结构性方法，也是评估项目风险潜在影响的一套有力工具。该方法由美国空军电子系统中心（ESC）于1995年4月率先提出，随后在美国军方武器系统研制项目风险管理中被广泛用于识别项目风险、评估风险潜在影响、计算风险发生概率、评定风险等级，为风险的监控与化解提供基础数据。

1. 原始风险矩阵

将风险矩阵方法应用于对转基因作物产业化风险的评估时，首先应识别出产业化过程中潜在的风险因素，确定风险集合，然后根据识别出的风险评估测度出风险集合对转基因作物产业化的影响并求解风险发生的概率，再次通过预先设定的标准对各风险因素以及整个转基因作物产业化的综合风险进行风险等级的预判。

P. R. Garvey 在其一篇文章中提出有关风险识别、评估和排序的风险矩阵示例，风险矩阵通常包括需求栏、技术栏、风险栏、影响栏、风险概率栏、风险等级栏、风险管理栏。需求栏指的是项目需求，一般包括高级操作要求和项目管理需求；技术栏即为满足项目实施需求可采用的技术；风险栏指识别、描述具体的风险；影响栏指评估识别出潜在风险对项目的影响，通常把风险对项目的影响划分为五个等级（表 8-3）；风险概率栏即评估项目中风险发生的概率（表 8-4）；风险等级栏是将风险影响栏和风险概率栏的数值输入风险矩阵来确定风险等级（表 8-5）；风险管理栏则指由风险管理小组制定战略措施以降低项目风险。

表 8-3　风险影响程度等级说明（以转基因作物产业化风险为例）

风险等级	定义
关键	一旦风险发生，将导致产业化这一事件失败
严重	一旦风险发生，将难以实现产业化
一般	一旦风险发生，对产业化不会产生太大影响，产业化仍具备可行性
较小	一旦风险发生，产业化受到的影响较小，产业化仍能实现
可忽略	一旦风险发生，产业化几乎不会受到影响，产业化完全能实现

表 8-4　风险概率解释说明

风险发生概率	解释说明
0%～10%	风险非常不可能发生
11%～40%	风险较小可能发生

（续）

风险发生概率	解释说明
41%～60%	风险可能发生
61%～90%	风险较大可能发生
91%～100%	风险非常可能发生

表 8-5　风险等级对照表

风险发生概率	可忽略	较小	一般	严重	关键
非常不可能	低	低	低	中	中
较小可能	低	低	中	中	高
可能	低	中	中	中	高
较大可能	中	中	中	中	高
非常可能	中	高	高	高	高

2. Borda 序值法

表 8-5 风险等级对照表中只将风险等级分为了高、中、低三个类别，这会难以比较同一等级风险的重要程度，如无法从同为高等级的风险中找出对项目最关键的风险因素，也就是说以原始矩阵的形式评估风险等级时极易出现风险结。为解决风险结，ESC 研究人员将投票理论运用于风险矩阵，提出了处理风险结的 Borda 序值法，其基本原理如下：

设 N 为风险总个数，i 为某一特定风险，k 表示某一准则。由于风险矩阵主要依据风险发生概率和风险影响程度两个方面对风险进行评估，因此风险矩阵设有 2 个准则，$k=1$ 表示风险影响程度，$k=2$ 表示风险发生概率。以 r_{ik} 表示风险 i 在准则 k 下的风险等级，因此风险 i 的 Borda 数可由公式 $b_i = \sum_{k=1}^{2} (N - r_{ik})$（$r_{ik}$ 表示在风险矩阵中比风险 i 影响程度大或比 i 风险发生概率高的风险因素个数）给出。然后通过 Borda 数由高到低排列即可得到 Borda 序值，从而可以按照风险因素的重要性进行排序，Borda 序值代表比该风险因素数大的风险因素个数。Borda 数越大表明比该因素更重要的因素个数越多，该风险因素排序越靠后，重要程度越低。例如，通过 Borda 序值法得到某风险因素的 Borda 序值为 5，表明在整个风险指标体系中，比该风险因素重要的风险因素个数为 5 个。

Borda 序值法对风险进行重要性排序，虽不能消除风险结但可以减少风险结，使风险之间的优劣排序更为清晰。同时，可以跨风险类别评价序值，即可以将技术风险、交易风险、生产风险等 7 类风险下的各项具体风险因素一同排序，序值法只输入风险影响程度和风险发生概率，这些量化值是原始数据且独立存在，因此可以跨风险类别评价。

(二) 风险矩阵方法的改进

1. 风险等级的重新划分

运用风险矩阵法评估风险，风险等级的确定最终由风险影响程度大小和风险发生概率决定。在原始风险矩阵中，风险发生概率分为 [0，10%]、(10%，40%]、(40%，60%]、(60%，90%]、(90%，100%] 5 个概率区间，风险影响程度相应分为可忽略、较小、一般、严重及关键 5 个影响级别，但风险等级仅分为低、中、高 3 个类别，划分级别与风险发生概率和影响程度不相匹配，会产生较多风险结，不利于对风险重要性进行排序。本文将风险类别划分为 5 类：低、较低、中等、较高、高，并重新制定风险等级对照表，具体内容如表 8-6 所示。

表 8-6　风险等级对照表

风险发生概率	可忽略	较小	一般	严重	关键
非常不可能	低	低	较低	中等	中等
较小可能	低	较低	中等	中等	较高
可能	较低	中等	中等	较高	高
较大可能	中等	中等	较高	较高	高
非常可能	中等	较高	较高	高	高

2. 引入模糊理论

当前我国转基因作物产业化的研究面临一些困难和阻力，国内可供参考和借鉴的资料文献较少，因此对于风险的性质评判（包括对风险发生概率和风险影响程度的判断）需由专家参与决策。专家评估存在一定的主观性和模糊性，但前期强制限定分值赋予区间会在一定程度上框定专家评判意见，不能得出相对真实的风险因素重要性排序。基于此，本文引入模糊理论，首先定义风险发生概率、风险影响程度、风险等级的模糊评价集；其次再根据专家给出的各类风险因素的模糊评语，运用多值逻辑分别计算出风险发生概率与影响程度的三角模糊数，并由此确定各风险因素的精确值，继而得出各风险等级值；最后计算风险概率、风险影响程度的三角模糊数与评价集中各个评语的距离，以此还原为自然语言的定性描述，作为风险的等级。

本文对利用模糊理论确定风险等级的计算情况如下：

由风险矩阵中给出的关于风险发生概率、风险影响程度和风险等级的自然语言定性描述，可确定出三者的模糊评价集分别为：

H_p＝{非常不可能，较小可能，可能，较大可能，非常可能}

H_e＝{可忽略，较小，一般，严重，关键}

H_{re}＝{低，较低，中等，较高，高}

由三角模糊数理论，通过公式 $[(m-1/n)，m/n，(m+1/n)]$ 可将模糊评价集转化为相应的三角模糊数；α 截集运算指三角模糊数与 α 截集间的运算。如三角模糊数 $(l，m，u)$，其中 α 截集可表示为 $[(m-l)\alpha+l，-(u-m)\alpha+u]$。反之，由 α 截集也可求出三角模糊数。

（三）转基因作物产业化风险矩阵设计

本文运用改进后的风险矩阵法对转基因作物产业化风险进行评估，具体实施步骤如下：首先由专家模糊评估矩阵求出各风险发生概率与影响程度的量化值及其对应的等级值，然后计算风险当量水平，确定风险等级，再次通过 Borda 序值法对风险进行重要性排序，专家根据排序结果构造判断矩阵，进而确定各风险在风险体系中所占的权重，最后确定出转基因作物产业化的总体风险水平。为此，本研究在原始风险矩阵基础上增加了风险权重栏和总体风险水平序列栏（表 8-7），从而更好地满足转基因作物产业化风险评估的需要。

表 8-7　转基因作物产业化风险矩阵设计表

风险因素	风险发生概率		风险影响等级		风险等级		Borda 序值	风险权重	总体风险水平	
	量化值	等级	量化值	等级	量化值	等级			量化值	等级
技术成熟度风险 X_{11}										
配套技术可获得性风险 X_{12}										
……										

二、转基因作物产业化风险评价指标体系建立

转基因作物产业化风险评价指标体系的建立应遵从科学性、系统性、动态性原则。根据前文对转基因作物产业化具体风险的识别，选择如下指标并建立对应的风险评价指标体系（表8-8）。

表8-8　转基因作物产业化风险评价指标体系

	一级评价指标	二级评价指标
转基因作物产业化 风险评价指标	技术风险 X_1	技术成熟度风险 X_{11}
		配套技术可获得性风险 X_{12}
		技术适用性风险 X_{13}
		技术替代性风险 X_{14}
		技术先进性风险 X_{15}
		知识产权风险 X_{16}
	交易风险 X_2	信息风险 X_{21}
		中介服务风险 X_{22}
	生产风险 X_3	吸收能力风险 X_{31}
		原材料供应风险 X_{32}
		工艺、设备匹配风险 X_{33}
		协作风险 X_{34}
	市场风险 X_4	产品竞争力风险 X_{41}
		市场接受容量风险 X_{42}
		市场接受时间风险 X_{43}
		进入市场时机风险 X_{44}
		企业营销能力风险 X_{45}
	投入风险 X_5	投入数量风险 X_{51}
		投入结构风险 X_{52}
		投入可持续性风险 X_{53}
	管理风险 X_6	决策风险 X_{61}
		组织风险 X_{62}
		信用风险 X_{63}
		人力资源风险 X_{64}
	环境风险 X_7	经济、文化风险 X_{71}
		法律、政策风险 X_{72}

三、基于风险矩阵的风险水平测度

（一）风险发生概率确定

由于资料有限，本文基础数据来自专家调查法的专家评判。基于模糊评价集，各专家在给出各风险发生概率的模糊评估后，由此构造风险发生概率评价矩阵 $\boldsymbol{P}$。矩阵的行代表每一位评判专家，列代表每一个风险元素，矩阵中任一元素 p_{ij} 表示第 i 位专家对第 j 个风险所作出的风险概率性评估。将专家的模糊评语依次转化为相应的 α 截集。由于每位专家的知识结构等存在差异，为提高评估结果的科学性，对专家所赋权重为 w_{ij}。然后通过公式 $\alpha_j = \sum_{i=1}^{n} \alpha_{ij} w_{ij}$ 加权计算出每个风险的最终 α 截集。最后借助截集运算求出 α 截集相对应的三角模糊数，并求解期望值，作为每一个风险概率的精确评估值，得到综合评估矩阵 $\boldsymbol{P}_{综合} = [P_1, P_2, \cdots P_i]$。（$P_i$ 为风险概率精确值）

（二）风险影响程度确定

风险影响程度的确定与风险发生概率的确定相类似。由专家给出各风险影响程度的模糊评估，构造影响程度的模糊评价矩阵 $\boldsymbol{E}$；通过 $\alpha_j = \sum_{i=1}^{n} \alpha_{ij} w_{ij}$ 加权计算出每个风险的最终 α 截集。最后求出模糊数及其对应的期望值，得到风险影响程度的综合评价矩阵 $\boldsymbol{E}_{综合} = [E_1, E_2, \cdots, E_i]$。

（三）风险等级确定

在确定各风险的等级前需先确定各风险的当量水平，当量水平的度量方法多为风险概率和风险影响程度的乘积，即 $\boldsymbol{R}_{当量} = \boldsymbol{P}_{综合} \times \boldsymbol{E}_{综合}$。为了尽量减少模糊数对应的期望值与观测值的偏差，参考相关学者做法，采用方差理论计算风险当量。虽然风险水平主要取决于风险概率和风险影响程度，但两者对风险水平的贡献作用有所差异，因此需要对风险概率和风险影响程度权重赋值，即 $\boldsymbol{R}_{当量} = \sqrt{m\boldsymbol{P}_{综合}^2 \times n\boldsymbol{E}_{综合}^2}$。

（四）评估结果还原

通过上述步骤可以计算出转基因作物产业化各风险发生概率、风险影响程度及风险等级的综合评估结果，但结果是以三角模糊数和精确值两种形式表示的，不易被人们理解，因此需要将评估结果还原为自然语言表述的形式。

具体流程为：通过距离公式分别计算出风险模糊评语与预定的风险等级模糊评语的距离，然后取最小值作为风险概率、风险影响程度与风险等级的定性描述。

对于语义距离公式，拟参照 Dobois 和 Prade 提出的两集合间的欧几里德距离，以及 Ross 提出的改进欧几里德方法。定义风险 i 的概率 P_i 及影响程度 E_i 模糊数分别为 (l_1, m_1, n_1)、(l_2, m_2, n_2)，则风险当量 $RR_i = \sqrt{mp_i^2 \times nE_i^2}$，设预定的风险等级模糊评语集 H 的三角模糊数为 (l_3, m_3, n_3)，于是 P_i、E_i 模糊数及 RR_i 与 H 的距离为：

$$d_{Pi} = \sqrt{(l_1-l_3)^2 + 2(m_1-m_3)^2 + (n_1-n_3)^2}$$

$$d_{Ei} = \sqrt{(l_2-l_3)^2 + 2(m_2-m_3)^2 + (n_2-n_3)^2}$$

$$d_{RRi} = \sqrt{(\sqrt{ml_1^2 + nl_2^2} - l_3)^2 + 2(\sqrt{mm_1^2 + nm_2^2} - m_3)^2 + (\sqrt{mn_1^2 + nn_2^2} - n_3)^2}$$

四、转基因作物产业化总体风险评价

(一) 各风险权重确定

本文采用层次分析法（AHP）确定风险指标的权重，但在确定各风险权重前，需通过前文中的 Borda 序值法对各风险因素的风险等级进行重要性排序，并将排序结果以电子邮件方式反馈给评估专家。专家根据收到的结果依据矩阵元素标度表判断各风险因素的相对重要程度，并分别构造出风险判断矩阵，然后将所有专家判断矩阵中相应的数值取平均值，构造出最终的判断矩阵，以提高赋权的客观性（表 8-9）。

表 8-9　判断矩阵元素 a_{ij} 标度表

标度	含义
1	i、j 两元素相比，具有同样重要性
3	i、j 两元素相比，i 比 j 稍微重要
5	i、j 两元素相比，i 比 j 明显重要
7	i、j 两元素相比，i 比 j 强烈重要
9	i、j 两元素相比，i 比 j 极端重要
2，4，6，8	上述两相邻判断的中间值
倒数	因素 j 与 j 比较的判断为 a_{ij}，则 j 与 i 比较的判断为 $1/a_{ij}$

（二）转基因作物产业化总体风险水平

当确定作物产业化各风险因素的风险当量水平及其在指标体系中的权重后，可以测算总体风险水平，本文采用加权法进行计算，将各风险因素等级的量化值与其相对应的风险权重相乘，然后逐一累加。设风险指标 X_{ij} 的风险权重为 W_{ij}，其风险当量为 RR_{ij}，则总体风险水平为：

$$Z = \sum_{i,j=1}^{n} RR_{ij} \times W_{ij} \quad (i, j=1, 2, \cdots, n)$$

第四节　主要国家对转基因作物
产业化风险的防范

转基因风险事件的暴发使得转基因作物产业化的进程与其风险的矛盾日益加重，建立适合本国国情的转基因作物产业化风险管理模式是各国政府应对转基因作物产业化风险的主要做法。美国、欧盟、日本、巴西、印度等国家（地区）在制定和完善转基因作物产业化风险管理制度方面的举措具有参考价值。

一、美国的主要做法

美国是最早实施转基因作物监管的国家，致力于建立灵活、成熟、高效的风险管理制度，在推进转基因作物产业化发展的同时不断加强对各环节的风险监管和制度建设。

（一）立法监管方面

美国于 20 世纪 70 年代就加强了对转基因作物的风险管理，最早对转基因作物实施监管。美国并未对转基因作物单独立法，而是在 1986 年颁布的《生物技术管理协调大纲》中增加了有关转基因作物风险管理的规定，使得每一种转基因作物都有相应的法律规定。依据科学和实质等同性的原则，美国对转基因作物从实验室到市场的各个环节都制定了相应的规定，形成了全过程管理模式。有关部门的管理分工为：农业部（USDA）主要通过其下属的动植物卫生检疫局（APHIS）监管转基因作物的实验研发和环境释放（田间试验），以及该转基因作物品种商品化前期的撤销管制审查。环境保护局（EPA）依据《联邦杀虫剂、杀菌剂和杀鼠剂法案》管理转基因作物的农药残留标准。食品药品监督管理局（FDA）依据《联邦食品、药品和化妆品法案》对转基因食品、食品添加剂及转基因动物、饲料的安全性进行管理。

（二）制度建设方面

美国实行高度行政化许可批准和非强制性标识管制。FDA 负责转基因作物上市前的评估和标识，简化了其中的审批程序，如果被认定为安全可靠便无需接受上市前的风险评估。FDA 还根据 2016 年颁布的《国家生物工程食品披露标准》法案，要求当转基因食品与其相应的传统食品在成分、营养或安全上不再是实质性等价时才要进行强制标识。以下 2 种情况需要进行强制标识：一是通过转基因技术研发的农产品成分中含有过敏物质甚至毒素，或在构成上与传统农产品有显著差异；二是资源食品生产商在已经产业化的转基因食品包装上标识转基因成分。此外，美国各州政府还设立了不同规模的转基因检测机构，未设立国家层面的转基因检测机构。

（三）公众参与度方面

美国面对转基因注重公开透明、尊重民意，主要通过四种形式吸引公众参与：一是各联邦机构制定有关转基因生物管理的相关法律法规时要在联邦注册公告中发布，寻求公众评议；二是召开转基因生物安全管理研讨会时适当向公众公开；三是不定期举行听证会征求公众对某一问题的态度和建议；四是联邦咨询委员会每年定期面向公众举办有关转基因生物技术的会议。

二、欧盟的主要做法

针对转基因生物技术对公众健康可能带来的风险，欧盟制定了完善的风险防范措施，不但充分发挥政府的主体作用，而且关注公众、科研机构等多方力量的参与和配合。

（一）立法监管方面

欧盟在转基因风险的法律监管方面体现了较强的风险预防原则，采取了产品和过程管理模式，转基因作物须经过政府主管部门严格审批和官方授权才可进入当地市场。与美国不同的是，欧盟针对转基因作物进行了单独立法，分为水平立法和垂直立法。水平立法将转基因作物从封闭试验、环境释放、产业化生产到销售、监督管理的各环节都纳入到立法体系；垂直立法则针对每一种转基因作物的生产程序做出了法律规定，有利于个案审查，同时保护消费者的知情权。欧盟分两个层次进行行政管理：一是欧盟统一的管理机构，主要由欧洲食品安全局（EFSA）和欧盟委员会（EC）协同管理转基因作物有关事务，其中 EFSA 独立负责评估、审核转基因作物对人和动物健康、环境的风险，EC 负责制定转基因作物风险管理的法律法规，为欧盟的立法、监督提供执行标准和准则，同时提供安全管理有关咨询。二是各成员国的主管当局，包括各国卫生部或农业部所属的国家食品安全相关机构，其主要负责执行欧盟的相关法规，并根据本国国情建立转基因作物风险管理体系。

（二）制度建设方面

欧盟率先建立了世界上最为严格的注重生产过程的追溯制度，涵盖了投放市场前的授权、上市后的监督和标识管理。依据"有关转基因生物追溯性、标识办法及含转基因生物物质的食品和饲料的追溯性条例"，建立了转基因食品可追溯性框架，规定转基因授权必须经过申请、环境评价、EFSA 的评估、委员会评议和公众评议五步程序。欧盟转基因作物安全监测体系包括各成员国专业人员进行检测的机构、欧盟转基因生物监测网络实验室和各成员国自有的辅助检测机构，另外还有一些大学和科研机构以及商业性的检测机构也进行转基因作物安全性检测。转基因食品经过授权后才可投放市场，且需要每 10 年更新一次授权，进入市场后实施严格的监管。欧盟对转基因食品按阈值标识，即当食品中某一成分的转基因含量达到 0.9％则必须标识。

（三）公众参与度方面

欧盟在《关于转基因生物有益环境释放的指令》中非常重视公众的参与度，各成员国须进行相关的部署后，转基因农产品才可以进入市场。公众是转基因产品的最终接受者，确保公众的知情权和参与权可以帮助公众认识了解转基因产品，并有机会发表观点和想法，提出意见建议，从而提高公众的接受度，有利于转基因产品的科学管理。

三、日本的主要做法

日本人口众多，国土面积狭小，自然资源较为贫乏，因此推进转基因作物的产业化可以解决日本的资源紧张问题。但是转基因作物的安全风险在日本也备受争议。基于此背景，日本采取了以安全优先为理念的风险预防模式。

（一）立法监管方面

日本在转基因产品安全管理方面形成了完整的法律体系，主要是《食品安全法》和《食品安全基本法》。根据《食品安全法》规定，日本厚生劳动省（MHLW）负责制定转基因食品安全性审查制度，该制度适用于用作食品或食品添加剂的转基因作物的安全评估和生产标准制定。MHLW接到转基因食品的使用申请后，委托食品安全委员会（FSC）根据《食品安全基本法》评估转基因食品对人体健康的安全性。FSC内设转基因食品专家委员会，负责科学审查，并将风险评估结果提交MHLW。日本借鉴美国实行的"实质等同"的判断思路对转基因食品进行安全性审查，但与美国不同的是，日本在进行安全性审查时，首先要判断转基因食品与相同种类的非转基因食品间有无可比性，如果二者存在可比性，则进行一一比较；如果没有可比性，则禁止当作食品销售。

（二）制度建设方面

根据日本法律规定，转基因作物实现商业化需要经过实验室研发、安全性认证、作物种植生产、产品上市、销售等环节，特别是安全认证环节需要经过有关部门对转基因作物的环境安全性、食品饲料安全性进行认证，才能进行种植和加工成食品。未取得安全评估证书的，不得进口或在日本销售。此外，日本《转基因食品标识法》规定，经过安全认证的转基因产品必须进行明确标识，以确保消费者的知情权，根据个人偏好选择转基因或非转基因产品。

（三）公众参与度方面

日本作为最大的转基因产品进口国之一，公众对转基因产品的质疑在很多社交平台得到了表达，基于此，日本植物生理学会建议政府在日本民众之间科普转基因技术及转基因产品。

四、巴西、印度的主要做法

巴西、印度等国家为发挥比较优势，采取积极的管理政策，大面积种植转基因油菜、大豆、棉花等作物，保持农产品国际竞争力。

巴西于 2005 年签署了最新的《生物安全法》，对转基因作物风险管理机构、职责分工、运行机制作出了明确规定。巴西转基因作物行政管理机构包括国家生物安全理事会（CNBS）、国家生物安全技术委员会（CTNBio）和政府其他有关部门。CNBS 负责制定和实施国家生物安全法规、指南及评估转基因作物的社会经济效益、机遇和挑战，其负责有关国家利益层面的转基因工作。CTNBio 主要为联邦政府制定和实施转基因生物安全政策提供技术支持，建立批准转基因生物和产品研究、产业化应用的安全技术准则和标准。

印度是较早推广转基因农作物且富有成效的发展中国家之一。20 世纪80 年代，印度政府把农业生物技术确定为优先发展的重点项目；2004 年，第二次"绿色革命"的核心内容是利用转基因技术种植农作物并加以推广；2007 年，印度颁布了国家生物技术发展战略，将生物技术列为 21 世纪的朝阳产业。在转基因作物产业化领域，印度已基本建立起了以环境森林部（MOEF）和科学技术部（MOST）为主体、各部门相互协调和制约的管理模式。MOST 对待转基因作物的研究与推广持积极态度，而 MOEF 则奉行"安全至上"的监管理念，对转基因作物产业化持严格审慎的态度，两者相互协调、相互制约，体现了政府在转基因作物产业化发展中奉行的"安全监管"与"产业发展"相互协调的理念。

第五节　中国转基因作物产业化风险防范措施

一、建立健全法律体系，实行严格监管

（一）制定全面、权威的法律法规

我国在立法层面加强对转基因食品的管理，使相关的法律法规与国际惯例接轨。一是由国家制定专门的转基因食品安全法，明确立法原则、目的及意义，为我国转基因作物产业化风险管理提供法律框架与基本遵循。二是建立一个由转基因领域各学科专家组成的法规整改意见小组，负责完善事前、事中、事后和相关责任承担等方面的立法，针对已经或可能发生的风险事件所产生的影响，修改和完善相应的法律，推进转基因作物产业化进程。

（二）加强部门间的沟通和协作

国务院批准设立了部际联合会议制度，由农业农村部统筹协调发改委、科技部等11个部委工作，因此，农业农村部应在转基因作物产业化风险监管中发挥主导作用，一方面应明确内部工作分工与职责职权范围，负责制定与转基因技术和转基因作物产业相关的规章制度、标签标识等政策，做好转基因作物产业链全程追踪管理；另一方面应明确与其他11个部门的工作分工，积极地进行沟通，做好工作衔接，将各方都统筹到转基因作物产业化发展建设中。

二、完善产销制度，加强审批管理和安全检测

（一）简化审批程序

为了加快国内转基因产品的申报审批进度，政府可优先审批非粮食转基因作物，在确保转基因作物安全性后再进行主粮转基因作物的审批。例如可加快转基因种子的审批进度，最新的《种子法》将原来分章规定的"种子生产、经营、使用"合并为"种子生产经营"集中规定，不再分别发放种子生产许可证和经营许可证，实现"两证"合一。此外，配套的法律法规也应进行修订，尽快实现与新法的有效对接。

（二）建立上下联动的安全检测制度

一是建立以国家监督和检测委员会为主的最高检测机构和以国家法律授权认可的检测机构为辅的地方检测机构，形成覆盖全国的农业生物技术管理监督和检测网络体系。转基因产品只有通过转基因成分含量检测后才能进入市场，且检测人为直接责任人。二是政府投入专项资金支持研发检测技术的发展，提高转基因食品的检测技术水平，保证转基因食品的质量和安全。按照国际通用标准的5％对全部准予上市的转基因食品规定严格的检测标准，并在后续发展中不断加强和完善检测标准。此外，还要实行转基因食品上市前的严检和上市后的抽检。转基因食品上市前由国家最高检测机构进行检测，出具检测报告并将检测结果公开。转基因食品上市后由法律授权许可的地方检测机构不定期进行检测，出具检测报告，公开检测结果，报上级检测机构备案。通过建立完备的检测制度可以实现研究和检测数据及资源的共享和互认，提高转基因作物检测的效率和质量。

（三）修订标识制度，改为定性与定量相结合

一是借鉴食品安全"QS"（质量安全）认证的标准，对转基因产品标识的字体、颜色、字号、放置位置、产品安全等级等方面作出法律规定。二是设置转基因标识阈值。此外，加强个体和企业法律责任意识，对未按照法律要求标识的个体和企业要责令整改并加大现金罚款力度，提高违法成本，维护市场的健康、稳定发展。

（四）实现转基因产业链的全程可追溯

打通转基因产品在整个产业链上的风险管理，能够使监管部门迅速采取措施掌握和把控风险。一是转基因产业链上所有涉及的主体（包括政府机构、科研人员、试验阶段的责任人、安全审批人、检测者、生产商、运输商、销售商、消费者等）都具有良好的个人和社会信用，积极配合参与转基因产业风险事件追溯调查。二是追溯记录应实时更新，并向公众公开，接受公众监督。

三、加大技术研发投入，提高技术适用性

技术适用性是转基因作物产业化的重要影响因素，而技术适用性与技术创新水平紧密相关，国家可通过提高技术创新水平来提高技术适用性，以防范技术适用性风险。首先，与发达国家相比，我国用于转基因技术研发的经费投入还不够，且投入规模较小，无法形成转基因技术的模块集聚创新，影响了转基因作物技术的原始创新水平。因此我国需加大专项经费投入，提升转基因作物技术创新能力和水平。其次，我国转基因作物技术从研发、试验、示范到技术转移再到商品化的整个过程还缺乏与之相对应的创新人才梯队，因此要积极对外开展技术交流和人才交流，还要建立完善的人才管理和考核机制，选拔出高素质、高水平的人才。此外，还可根据国内实际环境，适当建立转基因作物试验基地，并做好与国家自然灾害管理系统的衔接，全面了解市场环境，提高技术适用性。

四、改革转基因技术研发体系，防范市场时机风险

改革转基因技术研发体系，提高转基因技术产品效能是提升产品市场竞争力、防范市场时机风险的有效举措。在我国，转基因技术研发大多由科教

单位承担，政府在经费和人员分配上缺少顶层设计。多数研究单位以课题申报的形式开展转基因技术研发，缺乏合作，易导致资源无法得到充分利用。因此需要从国家和社会层面建立上、中、下游一体化发展的技术研发体系。国家有关部门应严格把控科教单位项目申请，专家多角度评审，提高研发单位的科研效率。体系上游应注重基因的挖掘和克隆，特别是对国际上没有得到专利保护的基因；中游单位负责提供种植材料并完成基因转化工作；下游单位负责专业育种。通过建立完善的转基因技术研发体系，可以生产出高性能的技术产品，有利于和种子企业的对接。种子企业则需优化资源配置，降低生产成本，提供优质转基因作物种子以满足市场需求，进而提高产品竞争力，防范产品进入市场时机风险。

五、注重配套技术研发

配套技术可获得性是实现转基因作物产业化的重要技术支撑。转基因作物品种的培育是一个综合性的系统工程，需要结合常规育种、单倍体育种、分子标记辅助选择等技术才能产生优质的转基因作物。因此不仅要重视转基因作物技术的研发，更要关注配套技术的研发，提高配套技术的安全性和适用性。随着转基因作物技术的发展，相应的耕作、栽培和管理技术也应及时更新，这些发展和改变对农户的种植效益会有较大的影响。例如对于抗虫转基因玉米，农户如果还使用原来大量喷洒农药的耕种方法，则会增加农户的耕种成本，种植收益无明显改善甚至会降低。农户种植收益降低会影响到周边持观望态度的农户的种植意愿，进而降低了市场接受容量。因此在进行转基因作物品种的研发培育和应用过程中，应逐步建立起与之相匹配的耕种制度，完善管理措施，推动转基因作物技术的转化应用。

六、加强自主知识产权保护，防范知识产权风险

首先，国内技术研发人员应充分了解国外有关转基因植物的专利保护方式、保护范围，转基因技术的知识产权授权机制等内容。其次，国家应尽快出台完善的转基因知识产权侵权判定标准，并由国家有关部门从基因序列、基因功能、技术转化手段等方面对技术研发单位的转基因产品进行严格审核。再次，提高转基因研发与育种技术的自主创新能力，挖掘一批具有重要

实用价值和自主知识产权的功能基因，培育一批高品质且能够满足市场需求的转基因作物品种，实现转基因作物产业化发展。另外，应借鉴国外转基因专利保护形式，建立健全有关转基因生物知识产权保护的法律体系，并通过建立转基因生物知识产权保护信息发布平台，拓宽专利保护范围，减少主观的侵权风险。

七、加强转基因科普工作，提高公众认知水平

政府在抓好转基因食品安全管理的同时应加强转基因科普宣传，提高公众对转基因食品的认识水平和信息鉴别能力。在大众科普教育方面，利用电视、广播、报纸等传统媒介和网络、微信、微博、短视频等新媒体宣传普及转基因技术和转基因产品知识，使消费者尽可能了解到转基因产品，增强应对转基因突发事件的鉴别能力。在公众参与方面，建立全方位、多层次、多形式的公众参与机制，如通过展览、科普讲座、专家论坛、听证会等形式增强转基因产品的透明度和公众参与度。同时，国家也应加大科普经费投入，组建高素质、高专业水平的科普队伍。

主要参考文献

[1] 高建勋. 转基因作物产业化之风险预防研究 [J]. 中国社会科学院研究生院学报，2018 (5)：104-113.

[2] 国际农业生物技术应用服务组织. 2016 年全球生物技术/转基因作物商业化发展态势 [J]. 中国生物工程杂志，2017，37 (4)：1-8.

[3] 国际农业生物技术应用服务组织. 2017 年全球生物技术/转基因作物商业化发展态势 [J]. 中国生物工程杂志，2018，38 (6)：1-8.

[4] 黄季焜，胡瑞法，陈瑞剑，等. 转基因生物技术的经济影响——中国 BT 抗虫棉 10 年 [M]. 北京：科学出版社，2010.

[5] 秦向东. 消费者行为实验经济学研究——以转基因食品为例 [M]. 上海：上海交通大学出版社，2011.

[6] 孙卓婧，刘沛儒，徐琳杰，等. 浅析世界农业转基因商业化应用现状 [J]. 世界农业，2017 (7)：74-77.

[7] 孙卓婧，张安红，叶纪明. 转基因作物研发现状及展望 [J]. 中国农业科技导报，

2018, 20 (7): 11 - 18.

[8] 谭涛, 陈超. 我国转基因农产品生产、加工与经营环节安全监管: 政策影响与战略取向 [J]. 南京农业大学学报 (社会科学版), 2011, 11 (3): 132 - 137.

[9] 肖琴. 转基因作物生态风险测度及控制责任机制研究 [D]. 北京: 中国农业科学院, 2015.

[10] 徐若梅. 全球转基因作物商业化的发展态势与启示 [J]. 安徽农业大学学报 (社会科学版), 2018, 27 (4): 62 - 67.

[11] 旭日干, 范云天, 戴景瑞, 等. 转基因 30 年实践 [M]. 北京: 中国农业科学技术出版社, 2012.

[12] 张正岩, 王志刚, 崔宁波. 转基因玉米技术商业化风险预判研究——24 位专家举证 [J]. 宏观质量研究, 2018, 6 (4): 122 - 134.

[13] 张正岩. 中国转基因玉米技术商业化的风险预判研究 [D]. 东北: 东北农业大学, 2018.

[14] 赵洪文, 转基因农产品是否真的不安全 [J]. 瞭望, 2000 (Z1): 75 - 76.

[15] JAMES C. Global status of transgenic crops in 1997 [DB/OL]. ISAAA Briefs, 1997 (5). http://www.isaaa.org/resources/publications/briefs/default.asp.

[16] JAMES C. 2015 年全球生物技术/转基因作物商业化发展态势 [J]. 中国生物工程杂志, 2016, 36 (4): 1 - 11.

[17] Kamthan A, Chaudhuri A, Kamthan M, et al. Small RNAs in plants: Recent development and application for crop improvement [J]. Frontiers Plant Sci., 2015, 6 (6): 208.

[18] Umezawa T, Fujita M, Fujita Y, et al. Engineering drought tolerance in plants: Discovering and tailoring genes to unlock the future [J]. Plant Physiol., 2008, 147 (1): 20 - 29.

[19] Wu X, Shiroto Y, Kishitani S,, et al. Enhanced heat and drought toleance in trans genic rice seedings overexpressing *OsWRKY11* under the control of *HSP101* promoter [J]. Plant Cell Rep., 2009, 28 (1): 21 - 30.

[20] Ye X D, Al-Babili S, KlÖti A, et al. Engineering the provitamin A (β-carotene) biosynthetic pathway into (carotenoid-free) rice endosperm [J]. Science, 2000, 287 (5451): 303 - 305.

后　记

　　回陕西扶风给岳父、岳母过三周年忌日，路过母校所在地杨凌，见到了过去的学生、同事、朋友，回首往事，心潮澎湃，于是才有了写这个后记的冲动。

　　农村老人去世三周年后，要举办一场比较隆重的纪念活动，这是亲人们最后一场集中追念逝者、寄托哀思的活动，也是对现有老人的一种安慰。农村人老了以后，大多数人，或大多数时间，内心是孤独的、痛苦的，要体谅他们这种内心深处无法表达的无奈。家里老人去世了，后辈们在走向目的地的长队中又前进了一步。人生如此，世界亦如此。提早从容面对，会使后来者当这个时刻来临时，恐惧感会少一些。

　　回老家坐火车必过母校所在地杨凌，提前打电话联系了过去的学生，想让学生接送一下，稍微能方便一些。打电话时就叮咛学生，不要告诉其他学生和原来的同事，一来学校已经放假了，二来年轻人相对于我们来讲，更不容易，上有老，下有小，尽量别打扰他们。可能是西农的传统，接的学生没有听从老师的叮咛，还是通知了一些原来的学生和同事。在我从杨凌返回北京前，安排了在母校西农有一个时间不长的聚会。感谢他们的好意，也感谢短短的聚会。

　　我1981年9月在西北农业大学农业经济管理专业读本科，1985年7月毕业后直接就读农业经济管理专业研究生班，1987年7月毕业后留校任教。作为农村孩子，开始读大学、研究生时，自信心不足，但有农村孩子的质朴、积极向上、助人为乐。大学一年级时担任班里的团支部书记，二年级时感觉自信心不足，提出不干了。研究生期间也一样，干了一年班里的团支部书记，第二年也提出不干了。毕业留校后，大概在1992年开始担任数量经济教研室副主任、主任，经贸学院办公室主任、工会副主席、主席等职务，这个时候才慢慢有了一点自信心，感觉自己可能还有一些优点，否则在人才辈出的大学，在不同的阶段怎么还有那么多人推荐自己，认可自己呢？再到后来担任合并后的西北农林科技大学（仍习称"西农"）经管学院党委书记、常务副院长（主持工作）等时，我也将这个故事讲给去陕西扶风我们村考察的近20个外国朋友听，看看没有背景的农村娃，如何当上985大学院长，我当时开玩笑说，这说明社会主义制度好，选用干部还是比较公平公正的；讲给后来的研究生、大学生们听，说明积极向上、主动乐观的性格，对一个人的成长是多么重要。

回想起来，在西农工作了十八年，2005年8月调到现在的北京信息科技大学。在西农上学七年，工作的十八年，总共二十五年，是自己勤劳苦干的二十五年，风风火火的二十五年，也是成长最快的二十五年。这期间做了以下几件值得回忆的事情。

（1）主导实施了西农首家院级机构改革。将7个教研室合并为5个系，整合资源，激发积极性。在学校第一个成立教授委员会，实现教授治校、教授办学。

（2）成功申报了农业技术经济与项目管理博士点，以改变农业经济管理学科在解决实际问题中偏软、偏虚的状况。

（3）组织"百名博士访三农"活动，倡导学科建设、学科发展和学生培养，走书本理论与实践调研相结合的道路。

（4）创建"让规则看守管院"的组织文化，为学院发展提供良好环境，调动各方积极性，让人人有目标，人人有奔头，实现学院可持续发展。

在担任经管学院常务副院长一年后的2005年4月，我提出了调离。说实话，之前我也没有调离的想法。2005年2月，经济管理学院与《华商报》报社合作，组织百名博士，与记者一起深入陕南、关中与陕北农村，针对农民脱贫致富、小额信贷、合作医疗、农民协会、基层干部角色转变、农业劳动力女性化和农村女性的地位等热点问题选取典型的乡村，进行深入的调查研究和系列报道。高校和媒体合作关注并服务"三农"，这在国内尚属首例。在进行"百名博士访三农"活动中，《华商报》开辟专版，全面深度报道博士开展调查的动态新闻、焦点话题、博士访农日记和言论三个板块，在两会期间又策划与部长、省长连线，给总理写信等活动，经过《华商报》近两个月及其他三十多家媒体的宣传报道，这项活动在国内产生了较大影响，后来被教育部总结成一种学生培养模式。这项活动进行到两个月后，我去了北京，希望与有关单位能有实质性合作，进一步推动这项工作。记得当时就住在中国农业科学院，有几位校友去看望我，其中就有一位是工作在北京信息科技大学的学生，我开玩笑说，回去联系一下你们学校，看是否能调到你们学校工作。这位学生回去后就与他们学校进行了联系，过了一周就回话说可以，大概2005年4月20日，就拿到了商调函。选择决策永远是困难的，很多原来的同事经常将调离挂在嘴边，但很少能成行，这里有一个机会成本问题，是否放弃现有来之不易的东西，是否对未来的选择有信心。过了不久我就向西农提出调离的书面申请，由于担心西农不会那么快同意调离，不给档案材料，就无法去北京。为了保险起见，稍晚我还联系了深圳大学，也很快发来了商调函，见到了深圳大学校长，他希望去他们那里，将来在管理学院做负责人。两所大学很快同意接受，可能是他们太缺人才，也可能是自己的基本情况还可以。四十一岁，不算老；博士生导师；时间也不算短的高校学科建设、教学管理经验；较为丰富科研成果等。

　　向西农提出调离的书面申请后不久，孙武学校长找我和我爱人分别谈话二三次，劝我们留下来。一般人认为，我作为学院常务副院长不太乐意学校在全球引进院长的这一做法，实际上全球引进院长是学校上一年决策，我是支持的，才主动从党委书记位置上应聘到常务副院长，主持全院行政工作。我一直认为当时的西农经管学院有留学背景的老师太少，学科发展、学生培养国际视野不足，需要引进国际化人才来进行全方位的学习、交流和提升。所以，在我的脑海里一直有这样一个看法，人们对事物的认识不可能完全正确，多少都有点盲人摸象的味道，做事办事都要留有余地。孙校长当时谈话的意思是不愿意在经管待，也可以到学校其他部门，例如研究生院等。记得我当时对孙校长和在中央党校学习的王万忠副校长都讲过，是真的想要调离，对西农没有意见。在任何情况下都要感谢西农将我从一个农村娃培养成博士，从一个一般教师培养成博导，将一个一般教职工培养成学院党委书记、常务副院长，我还有什么不满意呢。若有不满意那就是自己有问题了。我当时是铁了心地要离开，一是我认为学院、学校的发展是个接力赛，每个成员在自己最有力的时候，做出自己的贡献就可以了，无需长期无效作为。一个国家、一个组织也一样，其发展也是个接力赛，需要吸引更多优秀的人参与，每个参与者只在自己最能干的阶段参与，整体效果最佳。所以，有时候我开玩笑地说，对西农最大的贡献就是适时离开，腾出一个院长职位、一个博导职位、一个教授职位，可以激励很多后来人。二是经过思考后提出的决定怎么能轻易放弃呢？这不符合我的性格。三是人过四十岁，到了该综合考虑自己未来落脚的时候了。人的一生不仅仅是自己的事业、工作，还有下一代的成长，家庭生活，尤其是自己事业、工作以外的生活。面对如火如荼的城市化和未来可能严重的老龄化，对于自己、家庭未来的发展应做出较长周期的谋划。自己认为人生是丰富的，工作的目的是更好地生活，而生活的目的不是为了工作。在长寿化的时代，大多数人的退休时间与工作时间相当，选择好的养老地点较为重要。好的养老、幸福的养老应该具备三个基本条件：①足够的经济实力；②较好的医疗生活设施及服务；③最好能与子女生活在一个城市。西农老师满足第一个条件问题不大，但较难满足后面两个条件了。这是我调离西农的思考之一，也是最重要的思考。

2005年8月，我调到北京信息科技大学，已经工作十九年了。主要在经济管理学院工作，其间也在研究生部、科技处工作了六年，担任研究生部副主任、科技处副处长各三年，其间也有升任主任或学院院长的机会，但有客观或不愿意的因素均未成行。2014年12月进行聘期交接时，我主动申请回经济管理学院从事较为单纯的教学、科研、社会服务工作。教授战略管理，使自己看问题更宏观、更长远，教授项目管理使自己做事更讲究落地、讲究可行性。前期的科研偏重农村基础设施项目管理，后期的科研偏重扶贫减贫，种业产业并购整合。社会服务方面，开始为企业做咨询服务、做可行性研究报告，到后期的企业产业转型、改制、并购整合等。这是一个学习过程、实践过程、提高过程，不长的时间去过近二十多个省份、一百多个县、两万多农户进行调研，不至于使自己的研究脱离实际。

一晃六十年过去了。对于工作的选择还是偏爱于现在的教学、科研，有时候觉得自己并不那么刻板，也可以做行政工作，或企业管理工作。在 2003 年前后，母校也将自己作为向社会推荐的三个后备干部之一，2004 年学校也将自己确定为财务处处长人选，也是由于客观或不愿意的因素均未成行。属于独立观点较多的人能否在行政岗位上善终，自己有时候也在问，也拿不准。作为法人自己曾成立了两个公司，即西安奇思咨询管理有限公司、北京中天谷润科技有限公司。前者由于工作调动，后者由于其他原因都未实质性地运作，也未投入足够的精力，公司最终都注销或转让。办企业必须全力以赴、全神贯注，需要承担风险，像自己这个段位，掌握的资源，还不足以脚踏几只船去办企业。企业家是特殊人群，是稀缺资源，在任何情况下都要珍惜和爱护。

关于人才培养，自己基本上一生都在做这件事。随着社会发展，越来越不自信，但还是想谈一些看法。人的成长要有几个基本条件：①积极向上、勤奋；②反向性思维；③在别人成功中学习经验，在别人的失败中吸取教训；④在自己成功中总结经验，在自己的失败中总结教训。不需要几种条件同时同程度地达到，几种条件的组合，会形成不同类型的人才。有些类型的人才成就可能高一些，但风险大一些，有些类型人才容易一些，但成就可能小一些。

经济在发展，社会在进步，教师在培养学生中的作用会逐渐减弱，青出于蓝胜于蓝，在未来人才培养中会体现得淋漓尽致。所以，我经常在讲，早期培养的学生大多数比我优秀，后来培养的学生将来也一定比我杰出。年纪大了，与年轻人交流总感觉心虚、不踏实。思想僵化，信息不灵，落伍了。信息化、网络化时代，人们基本处在同一个平台上，你知道的别人也知道，你不知道的别人也都了解，学习、交流、宽容应是做学问的基本态度。学会聆听一个人的观点、诉求，又不急于表达自己的观点、诉求，很不容易，需要磨炼与修行，慢慢地学会。

从教三十七年了，承担了五十多项科研项目，出版著作三十余部，发表学术论文三百余篇，国家和社会也给了一些荣誉，但总感觉精品不多，质量不高，大多数项目或著作对培养研究生起到了一定作用，对学科、社会推动、贡献并不大。提早退休，将申报项目、成果的机会留给拼搏的年轻人，效果可能更好些。

人是自私的人，人是自我实现的人，人是社会的人，人是复杂的人。人生十有八九不如意，换个角度积极向上永远是人生赢家。

人生如果划阶段的话，我的第一阶段已经结束了，第二阶段即将开启。第二阶段难度更大，仍需继续努力。

希望我的人生第二阶段能像第一阶段一样，过得平顺、丰富和充实。

侯军岐

2024 年 3 月

图书在版编目（CIP）数据

北京种业企业并购整合风险管理研究 / 侯军岐等著
.—北京：中国农业出版社，2024.3
ISBN 978-7-109-31940-0

Ⅰ.①北…　Ⅱ.①侯…　Ⅲ.①种子－农业企业－企业
合并－风险管理－研究－北京　Ⅳ.①F324.6

中国国家版本馆 CIP 数据核字（2024）第 088427 号

北京种业企业并购整合风险管理研究

BEIJING ZHONGYE QIYE BINGGOU ZHENGHE FENGXIAN GUANLI YANJIU

中国农业出版社出版
地址：北京市朝阳区麦子店街 18 号楼
邮编：100125
责任编辑：赵　刚
版式设计：王　晨　　责任校对：范　琳
印刷：北京中兴印刷有限公司
版次：2024 年 3 月第 1 版
印次：2024 年 3 月北京第 1 次印刷
发行：新华书店北京发行所
开本：720mm×960mm　1/16
印张：13
字数：206 千字
定价：75.00 元